Libertad Fina través del Marketing Digital

Ismael M.M.

DEDICATORIA

A mi "*Sol naciente*" que me acompaña en cada paso de este vertiginoso
mundo digital.

CONTENIDO

INTRODUCCIÓN: NAVEGANDO HACIA EL FUTURO DEL ÉXITO EMPRESARIAL EN EL MARKETING DIGITAL

En el vertiginoso mundo del marketing digital, donde las tendencias cambian más rápido que nunca y la tecnología avanza a pasos agigantados, existe un imperativo para las empresas de todas las formas y tamaños: adaptarse o quedarse atrás. Este libro, surge como una guía para aquellos navegantes intrépidos que buscan no solo sobrevivir, sino prosperar en este vasto océano digital.

Antes de sumergirnos en las aguas turbulentas del marketing digital del futuro, es crucial detenernos un momento y reflexionar sobre el camino que hemos recorrido hasta ahora. Hace apenas unas décadas, el marketing se limitaba principalmente a los medios tradicionales: vallas publicitarias, anuncios en periódicos y revistas, spots de televisión y radio.

Historia del Marketing

El marketing tal como lo conocemos hoy en día tiene sus raíces en el intercambio comercial de la antigüedad. Desde los primeros mercados al aire libre en civilizaciones como la sumeria y la egipcia hasta las rutas comerciales establecidas en la antigua Roma y China, el acto de vender productos y servicios ha sido una constante en la historia de la humanidad. Sin embargo, el marketing moderno como disciplina estructurada y estratégica comenzó a tomar forma a fines del siglo XIX y principios del XX.

Durante la Revolución Industrial, con el surgimiento de la producción en masa y la expansión de los mercados, surgieron nuevas necesidades de comercialización. Figuras como John Wanamaker, considerado el padre del marketing moderno, introdujeron conceptos como la investigación de mercado y la publicidad pagada en los periódicos. A medida que avanzaba el siglo XX, el marketing se consolidaba como una disciplina clave para el éxito comercial.

La llegada de la radio y, más tarde, de la televisión, transformó aún más el panorama del marketing. Las marcas podían ahora llegar a audiencias más amplias y segmentadas, lo que abrió nuevas oportunidades y desafíos para los profesionales del marketing. Sin embargo, la verdadera revolución llegaría con la llegada de Internet y la era digital.

El Advenimiento del Marketing Digital

El surgimiento de Internet en la década de 1990 marcó un hito fundamental en la historia del marketing. Por primera vez, las empresas tenían una plataforma global para llegar a sus clientes potenciales de una manera completamente nueva. El correo electrónico, los sitios web y los banners publicitarios fueron algunas de las primeras herramientas utilizadas en el marketing digital.

Con el tiempo, el marketing digital se ha vuelto cada vez más sofisticado y diversificado. La aparición de motores de búsqueda como Google y redes sociales como Facebook revolucionaron la forma en que las empresas se promocionaban y se relacionaban con sus clientes. La segmentación precisa, la personalización y la capacidad de medir el retorno de la inversión se convirtieron en características distintivas del marketing digital.

Conceptos Fundamentales del Marketing Digital

En el mundo del marketing digital, hay una serie de conceptos fundamentales que guían las estrategias y prácticas de las empresas. Estos conceptos son la base sobre la cual se construyen las campañas exitosas y las relaciones duraderas con los clientes. Algunos de los conceptos más importantes incluyen:

Segmentación de audiencia: esto implica dividir a la audiencia en grupos más pequeños y específicos según características demográficas, comportamientos u otros criterios. Esto permite a las empresas crear mensajes y ofertas más personalizadas y relevantes.

Personalización: adaptar el contenido, las ofertas y la experiencia del cliente a las necesidades y preferencias individuales. La personalización puede mejorar significativamente la efectividad de las campañas de marketing al crear una conexión más profunda con los clientes.

Contenido de valor: en el mundo del marketing digital, el contenido es rey. Proporcionar contenido relevante, útil e interesante es fundamental para atraer y retener la atención de la audiencia. El contenido puede tomar muchas formas, incluyendo blogs, videos, infografías, podcasts y más.

Engagement: se refiere a la capacidad de una marca para interactuar y conectarse con su audiencia de manera significativa. Esto puede incluir likes, comentarios, compartidos y otras formas de interacción en las redes sociales, así como también la participación en eventos, encuestas o concursos.

Análisis de datos: la capacidad de medir y analizar datos

es fundamental en el marketing digital. El análisis de datos permite a las empresas entender el comportamiento de los usuarios, evaluar el rendimiento de las campañas y tomar decisiones informadas para optimizar sus estrategias de marketing.

Optimización continua: en un entorno digital en constante cambio, la optimización continua es esencial para el éxito a largo plazo. Esto implica probar y ajustar constantemente las estrategias y tácticas de marketing para mejorar su efectividad y adaptarse a las nuevas tendencias y tecnologías.

El Futuro del Marketing Digital

A medida que avanzamos hacia el futuro, el marketing digital continuará evolucionando y transformándose. Tecnologías emergentes como la inteligencia artificial, la realidad aumentada y la voz están cambiando la forma en que las empresas interactúan con los clientes y crean experiencias de marca. La personalización y la segmentación seguirán siendo fundamentales, pero con un enfoque cada vez mayor en la privacidad y la transparencia.

En este libro, exploraremos no solo el estado actual del marketing digital, sino también las tendencias emergentes que están moldeando el futuro del campo. Desde la inteligencia artificial hasta la realidad aumentada, desde la personalización hasta la ética, examinaremos cómo estas fuerzas están transformando la forma en que las empresas se promocionan, interactúan con los clientes y alcanzan el éxito empresarial.

Principios para el Éxito Empresarial en el Marketing Digital

Pero más allá de simplemente identificar las tendencias y tecnologías de vanguardia, este libro tiene como objetivo proporcionar principios sólidos que puedan guiar a las empresas en su viaje hacia el crecimiento y la excelencia en el marketing digital. Desde la importancia de la personalización y la creación de contenido relevante hasta la necesidad de medir y analizar constantemente los resultados, exploraremos los fundamentos que sustentan cualquier estrategia de marketing digital exitosa.

Además, reconocemos que el marketing digital no es exclusivo de las grandes corporaciones con presupuestos ilimitados. Precisamente, las pequeñas y medianas empresas también pueden beneficiarse enormemente de las estrategias y herramientas disponibles en el ámbito digital. Por lo tanto, dedicaremos una sección de este libro a examinar cómo las empresas de menor tamaño pueden aprovechar al máximo el marketing digital, incluso con recursos limitados.

Pero el éxito en el marketing digital va más allá de simplemente implementar las últimas tácticas y tecnologías. También implica un compromiso con la ética y la responsabilidad, reconociendo el poder y la influencia que las empresas tienen sobre sus clientes y comunidades. Por lo tanto, exploraremos el papel de la ética en el marketing digital y cómo las empresas pueden construir relaciones de confianza a largo plazo con sus audiencias.

En resumen, este libro está diseñado para ser una brújula en el vasto océano del marketing digital, ayudando a los lectores a navegar por las aguas turbulentas del cambio y la innovación. Ya sea que seas un emprendedor que recién comienza, un profesional del marketing experimentado o simplemente alguien interesado en comprender mejor el mundo digital que nos rodea, esperamos que encuentres en estas páginas la inspiración, la información y las herramientas que necesitas para triunfar en el desafiante mundo del marketing digital del futuro.

1 EL PAISAJE ACTUAL DEL MARKETING DIGITAL

En este primer capítulo, nos adentraremos en el vasto y cambiante mundo del marketing digital, explorando en detalle el estado actual del panorama digital, las tendencias que lo moldean, los desafíos que enfrentan las empresas y las oportunidades que ofrece. Desde la evolución de las redes sociales hasta el papel cada vez más importante de la inteligencia artificial, analizaremos cómo el marketing digital se ha convertido en un elemento fundamental para las estrategias comerciales en la era digital.

El Entorno Digital Actual

Para comprender verdaderamente el estado actual del marketing digital, es esencial tener en cuenta el entorno digital en el que operan las empresas en la actualidad. Vivimos en una era de interconexión global, donde la mayoría de las personas pasan una cantidad significativa de su tiempo en línea. Esto ha dado lugar a un paisaje digital diverso y complejo, donde las empresas compiten por la atención de los consumidores en una variedad de plataformas y canales.

Las redes sociales, en particular, han emergido como una fuerza dominante en el mundo del marketing digital. Plataformas como Facebook, Instagram, Twitter y LinkedIn han atraído a miles de millones de usuarios en todo el mundo, convirtiéndose en espacios clave para la promoción de marcas, la interacción con los clientes y la generación de leads. Las empresas han tenido que adaptarse a este nuevo entorno, desarrollando estrategias específicas para cada plataforma y aprovechando las características únicas que ofrecen.

Además de las redes sociales, los motores de búsqueda también desempeñan un papel fundamental en la forma en que las personas encuentran información en línea. Google, en particular, domina el mercado de búsqueda, con la mayoría de los usuarios recurriendo a este motor de búsqueda para encontrar respuestas a sus preguntas y soluciones a sus problemas. Esto ha llevado al surgimiento de prácticas como la optimización para motores de búsqueda (SEO), donde las empresas intentan mejorar su clasificación en los resultados de búsqueda para consultas relevantes.

Otro aspecto importante del entorno digital actual es la proliferación de dispositivos móviles. Con el aumento de la propiedad de teléfonos inteligentes y tabletas, las personas ahora acceden a Internet desde una variedad de dispositivos y plataformas. Esto ha llevado a un cambio significativo en la forma en que las empresas abordan el diseño de sitios web, la creación de contenido y la publicidad en línea, con un enfoque cada vez mayor en la optimización para dispositivos móviles y la creación de experiencias de usuario móvil.

Tendencias en el Marketing Digital

Dentro de este entorno digital en constante evolución, varias tendencias están dando forma al mundo del marketing digital en la actualidad. Estas tendencias no solo reflejan los cambios en el comportamiento del consumidor y las tecnologías emergentes, sino que también presentan nuevas oportunidades y desafíos para las empresas que buscan destacarse en línea. Algunas de las tendencias más importantes incluyen:

Contenido de Valor: El contenido sigue siendo el motor del marketing digital. Sin embargo, el enfoque ahora está en la calidad sobre la cantidad. Las empresas están recurriendo a la creación de contenido valioso y relevante que resuene con su audiencia y les brinde verdadero valor. Esto puede incluir todo, desde artículos de blog informativos hasta videos entretenidos y tutoriales útiles.

Video Marketing: el formato video se ha convertido en una herramienta poderosa en el arsenal del marketing digital. Desde anuncios de video en redes sociales hasta contenido de marca en plataformas como YouTube, el video permite a las empresas contar historias de una manera visual y atractiva. Las empresas están aprovechando el poder del video para aumentar el compromiso, generar leads y mejorar la visibilidad de la marca en línea.

Marketing de Contenidos: una estrategia fundamental para muchas empresas en la actualidad. Al proporcionar contenido valioso y relevante a su audiencia, las empresas pueden establecerse como líderes de opinión en su industria, mejorar su visibilidad en línea y generar leads de alta calidad. Esto puede incluir todo, desde publicaciones de blog y guías descargables hasta webinars y podcasts.

Personalización: un aspecto que se ha convertido en una expectativa en el mundo del marketing digital. Los consumidores esperan experiencias personalizadas y relevantes en línea, desde recomendaciones de productos hasta ofertas especiales y contenido adaptado a sus intereses y preferencias. Las empresas que pueden ofrecer personalización están mejor posicionadas para atraer y retener a sus clientes en un mercado cada vez más saturado.

Estrategias Multicanal: con tantos puntos de contacto con los clientes en línea, las empresas están adoptando estrategias multicanal en sus esfuerzos de marketing. Esto implica la integración de múltiples canales, como correo electrónico, redes sociales, contenido web y publicidad pagada, para crear una experiencia coherente y sin fisuras para la audiencia. Las empresas que pueden ofrecer una experiencia de usuario integrada en todos los canales tienen más probabilidades de retener a sus clientes y fomentar la lealtad a la marca a largo plazo.

Inteligencia Artificial y automatización: este apartado está transformando la forma en que se llevan a cabo las estrategias de marketing digital. Desde la personalización de contenido hasta la optimización de campañas publicitarias, estas tecnologías permiten a las empresas mejorar la eficiencia, aumentar la precisión y ofrecer experiencias personalizadas a escala. Las empresas que pueden aprovechar la IA y la automatización están mejor posicionadas para competir en un mercado digital cada vez más competitivo.

Desafíos en el Marketing Digital

A pesar de las numerosas oportunidades que ofrece el marketing digital, también presenta una serie de desafíos para las empresas que buscan tener éxito en línea. Estos desafíos no solo reflejan la complejidad del entorno digital actual, sino que también presentan obstáculos significativos que las empresas deben superar para destacarse en un mercado cada vez más saturado. Algunos de los desafíos más comunes incluyen:

Saturación del Mercado: Con tantas empresas compitiendo por la atención de los consumidores en línea, puede ser difícil destacarse en un mercado saturado. Las empresas deben encontrar formas creativas de diferenciarse y ofrecer valor único a su audiencia para sobresalir entre la multitud.

Cambio Constante: el mundo del marketing digital está en constante evolución, con nuevas tecnologías, tendencias y plataformas que surgen regularmente. Mantenerse al día con estos cambios puede ser un desafío, especialmente para las empresas más pequeñas con recursos limitados. Las empresas deben estar preparadas para adaptarse rápidamente a las nuevas tendencias y tecnologías para mantenerse relevantes y competitivas en un mercado en constante cambio.

Privacidad y Seguridad: la creciente preocupación por la privacidad de los datos y la seguridad en línea está cambiando la forma en que las empresas recopilan, almacenan y utilizan la información del cliente. Las empresas deben ser transparentes y responsables en sus prácticas de recopilación de datos para proteger la privacidad de sus clientes y mantener su confianza y lealtad a la marca.

Medición y Análisis: medir el éxito en el marketing digital puede ser complicado debido a la gran cantidad de datos disponibles y a la variedad de métricas de rendimiento. Las empresas deben desarrollar sólidas capacidades de medición y análisis para evaluar el impacto de sus estrategias de marketing y realizar ajustes según sea necesario. Esto puede incluir el seguimiento de métricas como el tráfico del sitio web, la tasa de conversión, el retorno de la inversión (ROI) y la participación del usuario para evaluar el rendimiento de las campañas y tomar decisiones informadas sobre la asignación de recursos y la optimización de estrategias.

Oportunidades en el Marketing Digital

A pesar de estos desafíos, el marketing digital también ofrece una serie de oportunidades para las empresas que están dispuestas a aprovecharlas. Estas oportunidades no solo reflejan la naturaleza dinámica y en constante evolución del entorno digital, sino que también presentan formas significativas en las que las empresas pueden crecer, expandirse y prosperar en el mercado en línea actual. Algunas de estas oportunidades incluyen:

Alcance Global: con Internet, las empresas pueden llegar a audiencias en todo el mundo, lo que les permite expandir su alcance y su base de clientes potenciales de una manera que no habría sido posible con el marketing tradicional. Esto presenta una oportunidad significativa para las empresas que buscan expandirse a nuevos mercados y aumentar su presencia global.

Costo-Efectividad: en comparación con el marketing tradicional, el marketing digital a menudo puede ser más rentable, especialmente para empresas con presupuestos limitados. Estrategias como el marketing de contenido, el marketing por correo electrónico y la publicidad en redes sociales pueden ofrecer un excelente retorno de la inversión sin los costos exorbitantes asociados con los métodos de marketing tradicionales.

Interactividad y Compromiso: las plataformas digitales permiten una mayor interacción y compromiso con la audiencia, lo que permite a las empresas construir relaciones más sólidas y duraderas con sus clientes. Las empresas pueden aprovechar características como la función de comentarios en redes sociales, las encuestas en línea y los concursos para involucrar a su audiencia de una manera significativa y fomentar la lealtad a la marca a largo plazo.

Flexibilidad y Adaptabilidad: el marketing digital ofrece una mayor flexibilidad y adaptabilidad en comparación con el marketing tradicional. Las empresas pueden probar y ajustar rápidamente sus estrategias y tácticas según los resultados y los cambios en el mercado, lo que les permite mantenerse ágiles y receptivas en un entorno digital en constante cambio. Esto puede incluir la optimización de campañas publicitarias en tiempo real, la personalización de contenido basada en el comportamiento del usuario y la experimentación con nuevas plataformas y tecnologías para mantenerse a la vanguardia de la competencia.

En este primer capítulo, hemos explorado el estado actual del marketing digital, analizando las tendencias, desafíos y oportunidades que enfrentan las empresas en el mundo digital de hoy. Desde la evolución de las redes sociales hasta el papel cada vez más importante de la inteligencia artificial, hemos examinado cómo el marketing digital se ha convertido en un elemento fundamental para las estrategias comerciales en la era digital.

En los capítulos siguientes, profundizaremos en cada uno de estos temas, explorando estrategias y tácticas específicas que las empresas pueden emplear para aprovechar al máximo las oportunidades del marketing digital y superar los desafíos que enfrentan en el mundo digital de hoy. A través de ejemplos prácticos, consejos útiles y casos de estudio inspiradores, esperamos proporcionar a los lectores las herramientas y el conocimiento que necesitan para triunfar en el emocionante y desafiante mundo del marketing digital en el siglo XXI.

2 ESTRATEGIAS AVANZADAS EN MARKE-TING DIGITAL

En este capítulo, nos adentraremos en el complejo y fascinante mundo de las estrategias avanzadas de marketing digital. Exploraremos cómo las empresas pueden utilizar técnicas y herramientas sofisticadas para optimizar sus esfuerzos de marketing, aumentar su alcance y mejorar su rendimiento en línea. Desde la optimización de motores de búsqueda (SEO) hasta la publicidad programática y el marketing de automatización, analizaremos detenidamente estas estrategias y cómo pueden aplicarse de manera efectiva para lograr resultados sobresalientes en el competitivo panorama digital actual.

Optimización de Motores de Búsqueda (SEO)

El SEO sigue siendo una piedra angular del marketing digital, y su importancia solo ha aumentado con el tiempo. Consiste en una serie de técnicas y prácticas diseñadas para mejorar la visibilidad de un sitio web en los resultados de búsqueda orgánica de motores como Google. A medida que los motores de búsqueda continúan evolucionando y refinando sus algoritmos, el SEO también ha evolucionado para adaptarse a estos cambios, convirtiéndose en una disciplina cada vez más compleja y sofisticada.

Una de las claves del SEO moderno es comprender la intención del usuario y adaptar la estrategia en consecuencia. Esto implica no solo identificar las palabras clave relevantes para el negocio, sino también comprender el contexto y la intención detrás de esas consultas de búsqueda. Al comprender lo que los usuarios están buscando y por qué, las empresas pueden crear contenido que responda directamente a esas necesidades y preguntas, lo que a su vez puede mejorar su clasificación en los motores de búsqueda.

Otra tendencia importante en el mundo del SEO es la optimización técnica del sitio web. Esto incluye mejoras en la velocidad de carga del sitio, la optimización para dispositivos móviles, la mejora de la estructura del sitio y la eliminación de errores técnicos que puedan afectar la experiencia del usuario. Los motores de búsqueda como Google valoran cada vez más los sitios web que ofrecen una experiencia de usuario óptima, y la optimización técnica es fundamental para lograrlo.

Además, el SEO local se ha vuelto cada vez más importante para las empresas con presencia física, como tiendas minoristas y restaurantes. Esto implica optimizar la presencia en línea de una empresa para búsquedas locales, como "restaurantes cerca de mí" o "tiendas de ropa en [ciudad]". Las estrategias de SEO local pueden incluir la optimización de listados de Google My Business, la generación de reseñas positivas y la creación de contenido localmente relevante.

En resumen, el SEO sigue siendo una parte fundamental de cualquier estrategia de marketing digital, y las empresas deben estar al tanto de las últimas tendencias y prácticas en esta área para mantenerse competitivas en el mundo digital actual.

Publicidad Programática

La publicidad programática ha revolucionado la forma en que se compran y venden los espacios publicitarios en línea. Utilizando algoritmos y tecnología automatizada, los anunciantes pueden llegar a audiencias específicas en tiempo real, maximizando la eficiencia y la relevancia de sus campañas publicitarias.

Una de las características distintivas de la publicidad programática es la capacidad de segmentar audiencias con gran precisión. Utilizando una variedad de datos de usuario, como la ubicación, la demografía, los intereses y el comportamiento en línea, los anunciantes pueden dirigir sus anuncios a grupos específicos de personas que son más propensas a estar interesadas en sus productos o servicios. Esto maximiza la efectividad de la publicidad al tiempo que minimiza el desperdicio de impresiones en personas que no forman parte del público objetivo.

La publicidad programática también ofrece una mayor transparencia y control sobre dónde aparecen los anuncios y cómo se gastan los presupuestos publicitarios. Los anunciantes pueden establecer parámetros específicos para sus campañas, como el costo por mil impresiones (CPM) o el costo por clic (CPC), y supervisar el rendimiento en tiempo real a través de paneles de control y herramientas de análisis.

Otra ventaja de la publicidad programática es su capacidad para personalizar y adaptar los anuncios en función del comportamiento del usuario en tiempo real. Utilizando datos de navegación y actividad en línea, los anunciantes pueden mostrar anuncios relevantes y oportunos que resuenen con las necesidades e intereses individuales de cada usuario. Esto aumenta la probabilidad de que los usuarios interactúen con los anuncios y realicen una acción deseada, como hacer clic en un enlace o completar una compra.

En resumen, la publicidad programática ofrece a las empresas una forma altamente eficiente y efectiva de llegar a sus audiencias objetivo en línea. Al utilizar datos, tecnología y automatización avanzados, los anunciantes pueden maximizar el impacto de sus campañas publicitarias y lograr resultados sobresalientes en el competitivo mercado digital actual.

Marketing de Automatización

El marketing de automatización es una estrategia poderosa que utiliza software y tecnología automatizada para gestionar y optimizar las interacciones con los clientes a lo largo de su ciclo de vida. Desde la captación de leads hasta la nutrición y la conversión, el marketing de automatización permite a las empresas automatizar una amplia gama de actividades de marketing, liberando tiempo y recursos para otras tareas críticas del negocio.

Una de las principales aplicaciones del marketing de automatización es el correo electrónico automatizado. Esto implica el envío de correos electrónicos predefinidos en función de acciones específicas del usuario, como la suscripción a una lista de correo electrónico, la descarga de un recurso o la realización de una compra. Los correos electrónicos automatizados pueden ser altamente personalizados y segmentados para maximizar su relevancia y efectividad, lo que puede aumentar significativamente las tasas de apertura, clics y conversiones.

Otra característica clave del marketing de automatización es la segmentación de la audiencia. Al dividir la base de datos de clientes en segmentos más pequeños y específicos en función de criterios como la demografía, el comportamiento en línea y el historial de compras, las empresas pueden enviar mensajes más relevantes y personalizados a cada segmento. Esto aumenta la probabilidad de que los usuarios interactúen con los correos electrónicos y realicen una acción deseada, como visitar el sitio web o completar una compra.

Además, el marketing de automatización permite a las empresas realizar un seguimiento y analizar el comportamiento del usuario en tiempo real, lo que les brinda información valiosa sobre cómo interactúan los clientes con sus correos electrónicos, sitios web y otros activos digitales. Esta información puede utilizarse para optimizar las campañas de marketing, mejorar la segmentación de la audiencia y aumentar la efectividad general de las estrategias de marketing digital.

En resumen, el marketing de automatización ofrece a las empresas una forma altamente eficiente y efectiva de gestionar y optimizar las interacciones con los clientes en línea. Al utilizar software y tecnología avanzada, las empresas pueden automatizar una amplia gama de actividades de marketing, aumentando la eficiencia y mejorando los resultados en el competitivo panorama digital actual.

En este segundo capítulo, hemos explorado estrategias avanzadas en el mundo del marketing digital, incluida la optimización de motores de búsqueda (SEO), la publicidad programática y el marketing de automatización. Estas técnicas y herramientas ofrecen a las empresas formas sofisticadas de mejorar su visibilidad en línea, generar leads de alta calidad y aumentar las conversiones.

A medida que el marketing digital continúa evolucionando y cambiando, es importante que las empresas estén al tanto de las últimas tendencias y tecnologías en esta área. Al adoptar estrategias avanzadas como el SEO, la publicidad programática y el marketing de automatización, las empresas pueden mantenerse competitivas en el mercado digital actual y alcanzar el éxito en línea. En los capítulos siguientes, profundizaremos en cada una de estas estrategias, proporcionando ejemplos prácticos, consejos útiles y mejores prácticas para ayudar a las empresas a aprovechar al máximo su presencia en línea y lograr sus objetivos de marketing digital.

3 TECNOLOGÍAS EMERGENTES Y EL FUTU-RO DEL MARKETING

Nos vamos a sumergir en las tecnologías emergentes están transformando el marketing digital y proporcionando nuevas oportunidades para las empresas en un mundo cada vez más digitalizado y conectado. Analizaremos en detalle tres de las tecnologías más disruptivas en el ámbito del marketing digital: la inteligencia artificial y el aprendizaje automático, la realidad aumentada y virtual, y la tecnología blockchain. Cada una de estas tecnologías tiene el potencial de revolucionar la forma en que las empresas interactúan con sus clientes, optimizan sus estrategias de marketing y establecen relaciones más sólidas y significativas con su audiencia.

Inteligencia Artificial y Machine Learning: Cómo están Transformando el Marketing Digital

La inteligencia artificial (IA) y el aprendizaje automático (machine learning) están redefiniendo la forma en que las empresas abordan el marketing digital. Estas tecnologías permiten a las empresas analizar grandes volúmenes de datos de manera eficiente y extraer insights valiosos que pueden ser utilizados para personalizar las experiencias de los clientes, predecir comportamientos futuros y optimizar las estrategias de marketing en tiempo real.

Una de las aplicaciones más poderosas de la inteligencia artificial en el marketing digital es la personalización. Gracias a los algoritmos de IA, las empresas pueden recopilar y analizar datos sobre el comportamiento y las preferencias de los clientes para ofrecer mensajes y ofertas altamente relevantes y personalizados. Esto no solo mejora la experiencia del cliente, sino que también aumenta la probabilidad de conversión y fidelización.

Además de la personalización, la inteligencia artificial también está revolucionando la forma en que se realizan las campañas publicitarias en línea. Los algoritmos de aprendizaje automático pueden analizar datos en tiempo real para identificar patrones y tendencias, permitiendo a las empresas optimizar sus campañas publicitarias y dirigirse de manera más efectiva a su audiencia objetivo. Esto se traduce en un mayor retorno de la inversión (ROI) y una mejora en la eficacia de las campañas publicitarias.

Otro aspecto importante de la inteligencia artificial en el marketing digital es la automatización de tareas repetitivas y basadas en reglas. Mediante el uso de bots y algoritmos de IA, las empresas pueden automatizar una amplia gama de procesos, desde la generación de informes hasta la gestión de relaciones con los clientes. Esto libera tiempo y recursos para que los especialistas en marketing se concentren en tareas de mayor valor estratégico, como la planificación de campañas y la creatividad.

En resumen, la inteligencia artificial y el aprendizaje automático están transformando fundamentalmente la forma en que las empresas abordan el marketing digital. Al aprovechar estas tecnologías de manera efectiva, las empresas pueden mejorar la personalización, optimizar sus estrategias de marketing y obtener una ventaja competitiva en un mercado cada vez más digitalizado y competitivo.

Realidad Aumentada y Virtual: Oportunidades para la Interacción con el Cliente

La realidad aumentada (RA) y la realidad virtual (RV) están abriendo nuevas posibilidades para la interacción con el cliente y la creación de experiencias de marca únicas y memorables. Estas tecnologías permiten a las empresas llevar la experiencia del cliente a un nivel completamente nuevo, proporcionando experiencias inmersivas y envolventes que van más allá de los límites del mundo físico.

Una de las aplicaciones más emocionantes de la realidad

aumentada en el marketing es la visualización de productos. Las empresas pueden desarrollar aplicaciones y experiencias de RA que permitan a los clientes ver y interactuar con productos en entornos virtuales. Esto no solo ayuda a los clientes a visualizar mejor los productos y comprender sus características y beneficios, sino que también puede aumentar las tasas de conversión al reducir la incertidumbre y la indecisión.

Además de la visualización de productos, la realidad aumentada también ofrece oportunidades para la creación de experiencias de marca únicas y memorables. Las empresas pueden utilizar la RA para crear juegos, concursos y eventos virtuales que involucren a los clientes y fomenten la participación con la marca. Desde escaneos interactivos en tiendas hasta experiencias de RA en eventos en vivo, la RA ofrece infinitas posibilidades para crear momentos memorables y fortalecer la conexión emocional con los clientes.

Por otro lado, la realidad virtual ofrece una experiencia aún más inmersiva y envolvente, permitiendo a las empresas transportar a los clientes a entornos completamente nuevos y emocionantes. Las empresas pueden utilizar la realidad virtual para crear experiencias de marca únicas, como recorridos virtuales por instalaciones, demostraciones de productos y eventos virtuales en 3D. Esto no solo crea una impresión duradera en los clientes, sino que también puede aumentar el conocimiento de la marca y la lealtad a largo plazo.

En resumen, la realidad aumentada y virtual ofrecen oportunidades emocionantes para la interacción con el cliente y la creación de experiencias de marca memorables. Al aprovechar estas tecnologías de manera efectiva, las empresas pueden diferenciarse en un mercado cada vez más competitivo y establecer relaciones más sólidas y significativas con su audiencia.

Blockchain en Marketing: Transparencia y Seguridad en las Transacciones Digitales

La tecnología blockchain está revolucionando la forma en que se realizan las transacciones digitales y se gestionan los datos en línea. Al ofrecer una forma segura y transparente de almacenar y transferir datos, la blockchain tiene el potencial de mejorar la confianza del cliente, reducir el fraude y aumentar la eficiencia en una amplia gama de industrias, incluido el marketing.

Una de las aplicaciones más prometedoras de la tecnología blockchain en el marketing es en la gestión de datos del cliente. Al utilizar contratos inteligentes basados en blockchain, las empresas pueden permitir a los usuarios mantener el control total sobre sus datos personales y decidir quién tiene acceso a ellos. Esto no solo mejora la privacidad y la seguridad de los datos del cliente, sino que también construye una relación de confianza entre la empresa y su audiencia.

Además, la tecnología blockchain también puede utilizarse para verificar la autenticidad de los productos y garantizar la transparencia en la cadena de suministro. Al registrar la cadena de suministro de un producto en la blockchain, las empresas pueden rastrear su origen y asegurar su autenticidad, lo que puede ser especialmente importante en industrias como la moda y la alimentación. Esto no solo ayuda a combatir la falsificación y el fraude, sino que también proporciona a los clientes una mayor tranquilidad al realizar compras en línea.

En resumen, la tecnología blockchain ofrece oportunidades emocionantes para mejorar la transparencia y la seguridad en el marketing digital. Al aprovechar estas tecnologías de manera efectiva, las empresas pueden construir relaciones más sólidas y significativas con sus clientes, aumentar la confianza del cliente y diferenciarse en un mercado cada vez más competitivo y digitalizado.

Como veis, hemos explorado cómo las tecnologías emergentes, la inteligencia artificial y el aprendizaje automático, la realidad aumentada y virtual, y la tecnología blockchain, están transformando el marketing digital y proporcionando nuevas oportunidades para las empresas. Al aprovechar estas tecnologías de manera efectiva, las empresas pueden mejorar la personalización, optimizar sus estrategias de marketing y construir relaciones más sólidas y significativas con sus clientes en un mundo cada vez más digitalizado y conectado.

En los capítulos siguientes, profundizaremos aún más en estas tecnologías, explorando casos de uso específicos, mejores prácticas y estrategias avanzadas para ayudar a las empresas a aprovechar al máximo su potencial en el mundo del marketing digital en constante evolución.

4 PERSONALIZACIÓN Y EXPERIENCIA DEL CLIENTE

En la era digital actual, el marketing efectivo se ha convertido en una tarea cada vez más desafiante debido a la saturación del mercado y la creciente demanda de los consumidores por experiencias más personalizadas y relevantes. Ante esta realidad, la personalización emerge como una de las estrategias fundamentales para las marcas que buscan destacarse, comprometer y retener a su base de clientes en un entorno altamente competitivo. Este capítulo explorará exhaustivamente la importancia de la personalización en el contexto del marketing digital, examinará las estrategias y tácticas esenciales para implementarla con éxito, y analizará casos de estudio de empresas líderes que han demostrado maestría en este aspecto crucial del marketing contemporáneo.

La era digital ha democratizado el acceso a la información y ha empoderado a los consumidores como nunca antes. En este paisaje digital en constante cambio, las marcas se enfrentan a la difícil tarea de destacar entre el ruido y la multitud de opciones disponibles para los consumidores. Ya no es suficiente con ofrecer un buen producto o servicio; las marcas deben ir más allá y personalizar la experiencia del cliente para satisfacer las necesidades y expectativas únicas de cada individuo.

La personalización no se trata simplemente de agregar el nombre del cliente en un correo electrónico o recomendar productos relacionados en un sitio web. Va mucho más allá: implica comprender profundamente las necesidades, preferencias y comportamientos individuales de cada cliente y ofrecer soluciones a medida que resuenen con ellos de manera única. En esencia, la personalización busca crear una conexión emocional entre la marca y el cliente, construyendo relaciones sólidas y duraderas basadas en la confianza, la relevancia y la satisfacción.

Las estrategias de personalización en el marketing digital se basan en una comprensión profunda de los datos del cliente. Las empresas recopilan una amplia gama de datos, que van desde información demográfica básica hasta detalles sobre el comportamiento de navegación, las interacciones en redes sociales, las transacciones pasadas y más. Al analizar estos datos de manera inteligente y estratégica, las marcas pueden obtener información valiosa sobre las preferencias, intereses y necesidades de sus clientes, lo que les permite ofrecer experiencias personalizadas y relevantes en cada punto de contacto.

La importancia de la personalización en el marketing digital radica en su capacidad para mejorar la experiencia del cliente y generar resultados comerciales tangibles. Las marcas que priorizan la personalización pueden esperar ver un aumento en la satisfacción del cliente, la lealtad y el compromiso, así como un impulso en los ingresos y el crecimiento a largo plazo. Además, la personalización también puede ayudar a las marcas a diferenciarse de la competencia y a posicionarse como líderes en su industria.

La personalización ha evolucionado de ser un simple "toque personal" a convertirse en un imperativo estratégico en el marketing digital. En un mundo donde los consumidores están abrumados por opciones, mensajes y ofertas, la personalización se destaca como una forma de cortar el ruido y llegar directamente a los corazones y mentes de los clientes.

La clave de la personalización radica en comprender y satisfacer las necesidades y deseos únicos de cada cliente. Esto implica mucho más que simplemente agregar un nombre en un correo electrónico o recomendar productos relacionados. Se trata de ofrecer experiencias relevantes y significativas en cada punto de contacto con el cliente, desde la primera interacción hasta la compra y más allá.

La personalización efectiva se basa en datos. Las empresas recopilan una gran cantidad de datos sobre sus clientes, desde datos demográficos básicos hasta historiales de compra, comportamiento en línea, preferencias de contenido y más. Al analizar estos datos de manera inteligente, las empresas pueden identificar patrones, predecir comportamientos y ofrecer experiencias personalizadas que resuenen con cada cliente individualmente.

Estrategias para Ofrecer Experiencias Personalizadas y Relevantes

La implementación exitosa de la personalización en el marketing digital requiere una comprensión profunda de las necesidades y preferencias individuales de los clientes, así como la capacidad de adaptar las estrategias y tácticas para satisfacer esas demandas de manera efectiva. A continuación, ampliaremos cada una de las estrategias mencionadas anteriormente, destacando su importancia y proporcionando ejemplos específicos de cómo las marcas las están utilizando para ofrecer experiencias personalizadas y relevantes:

1. Segmentación Avanzada:

La segmentación avanzada es fundamental para una personalización efectiva, ya que permite a las marcas dividir a su audiencia en grupos más específicos y definidos, lo que les permite ofrecer mensajes y ofertas altamente relevantes. En lugar de depender únicamente de datos demográficos básicos, las empresas están utilizando técnicas más sofisticadas para segmentar a su audiencia. Esto puede incluir segmentación basada en comportamientos en línea, historiales de compra, interacciones en redes sociales y más.

Por ejemplo, una tienda minorista de moda puede segmentar a su audiencia en función de las preferencias de estilo, el presupuesto de compra y la frecuencia de compra. Utilizando esta información, pueden ofrecer recomendaciones de productos altamente personalizadas que se ajusten a los gustos y necesidades de cada segmento de clientes.

2. Contenido Dinámico:

El contenido dinámico es una herramienta poderosa para captar la atención y el compromiso del cliente, ya que permite a las marcas adaptar el mensaje, las ofertas y el diseño a las preferencias individuales de cada cliente. Esto puede incluir recomendaciones de productos en función del historial de compra, contenido editorial personalizado en función de los intereses del cliente, ofertas exclusivas para clientes leales y más.

Por ejemplo, una plataforma de comercio electrónico puede utilizar el contenido dinámico para mostrar productos relacionados con los artículos que un cliente ha visto recientemente o comprado en el pasado. Esto no solo aumenta las posibilidades de conversión, sino que también mejora la experiencia general del cliente al proporcionarle recomendaciones personalizadas que se ajusten a sus intereses y necesidades.

3. Automatización del Marketing:

La automatización del marketing es esencial para ofrecer experiencias personalizadas a escala, permitiendo a las marcas enviar mensajes personalizados en el momento adecuado, sin intervención manual. Esto puede incluir correos electrónicos de seguimiento después de una compra, mensajes de texto con ofertas especiales para clientes leales, notificaciones push con recordatorios de productos abandonados en el carrito de compras y anuncios dirigidos en redes sociales y otras plataformas en línea.

Por ejemplo, una empresa de software puede utilizar la automatización del marketing para enviar correos electrónicos de seguimiento con consejos y trucos para maximizar el uso de su producto, basados en el comportamiento de uso del cliente. Esto no solo aumenta la satisfacción del cliente al proporcionarle información útil y relevante, sino que también fomenta la lealtad y la retención a largo plazo.

4. Análisis Predictivo:

El análisis predictivo es una herramienta poderosa para anticipar las necesidades y preferencias futuras de los clientes, permitiendo a las marcas ofrecer experiencias personalizadas que se adelanten a sus expectativas. Al analizar los datos históricos y las tendencias del mercado, las empresas pueden identificar patrones y predecir el comportamiento futuro de los clientes, lo que les permite adaptar sus estrategias y tácticas de marketing en consecuencia.

Por ejemplo, una compañía de servicios financieros puede utilizar el análisis predictivo para identificar a los clientes que tienen una alta probabilidad de abandonar su plataforma en el futuro, basándose en patrones de uso y comportamiento. Utilizando esta información, pueden tomar medidas proactivas para retener a estos clientes, como ofrecerles ofertas especiales o mejorar la experiencia del usuario.

5. Integración Multicanal:

La personalización efectiva no se limita a un solo canal o punto de contacto, sino que debe integrarse en todos los canales y puntos de contacto con el cliente para garantizar una experiencia coherente y personalizada en todos los puntos de contacto con la marca. Esto puede incluir el sitio web de la empresa, las redes sociales, el correo electrónico, las aplicaciones móviles y más.

Por ejemplo, una cadena de restaurantes puede integrar la personalización en su sitio web, permitiendo a los clientes crear perfiles personalizados con sus preferencias alimenticias y recibir recomendaciones de menús personalizadas en función de sus restricciones dietéticas y preferencias culinarias. Al mismo tiempo, pueden utilizar las redes sociales para enviar ofertas especiales y promociones exclusivas a sus seguidores más leales, aumentando el compromiso y la fidelidad del cliente.

En resumen, las estrategias para ofrecer experiencias personalizadas y relevantes en el marketing digital son fundamentales para el éxito de cualquier marca en la era digital actual. Al utilizar una combinación de segmentación avanzada, contenido dinámico, automatización del marketing, análisis predictivo e integración multicanal, las empresas pueden crear experiencias únicas y significativas que resuenen con sus clientes y generen resultados comerciales tangibles a largo plazo.

Casos de Estudio de Empresas que han Dominado la Personalización en su Estrategia de Marketing

Analizaremos a continuación casos de estudio de empresas que han llevado la personalización a nuevas alturas en sus estrategias de marketing, destacando cómo utilizan tecnologías avanzadas y análisis de datos para ofrecer experiencias altamente personalizadas y relevantes a sus clientes:

Amazon:

Amazon, el gigante del comercio electrónico, ha establecido un estándar en personalización que es difícil de igualar. Utiliza algoritmos avanzados de aprendizaje automático y análisis de datos para analizar el historial de compras, las búsquedas anteriores y el comportamiento de navegación de los usuarios. Con esta información, Amazon puede ofrecer recomendaciones de productos altamente personalizadas que aumentan significativamente las posibilidades de compra de los clientes.

El enfoque de Amazon en la personalización se extiende a todos los aspectos de la experiencia del cliente, desde la página de inicio hasta los correos electrónicos de seguimiento después de una compra. Por ejemplo, cuando un cliente visita el sitio web de Amazon, se le presentan recomendaciones de productos basadas en su historial de compras y búsquedas anteriores, lo que facilita la búsqueda de productos relevantes y aumenta las posibilidades de conversión.

Además, Amazon utiliza la personalización en su proceso de marketing por correo electrónico, enviando correos electrónicos personalizados con recomendaciones de productos, ofertas especiales y recordatorios de carritos abandonados. Según datos internos de Amazon, el 35% de todas las ventas en el sitio provienen de recomendaciones personalizadas, lo que demuestra el impacto significativo de la personalización en el éxito comercial de la empresa.

Netflix:

Netflix ha revolucionado la forma en que consumimos contenido de entretenimiento con su enfoque altamente personalizado. Utilizando algoritmos avanzados de aprendizaje automático, Netflix analiza el historial de visualización de cada usuario, así como sus interacciones con la plataforma, para ofrecer recomendaciones de películas y series que se adaptan perfectamente a sus gustos individuales.

El algoritmo de recomendación de Netflix es uno de los más sofisticados del mundo, utilizando datos como las calificaciones de películas anteriores, el tiempo de visualización, las interacciones con el contenido y más para predecir qué programas y películas disfrutará un usuario. Como resultado, el 80% del contenido visto en Netflix proviene de recomendaciones personalizadas, lo que subraya la importancia crítica de la personalización en el éxito de la plataforma.

Además de las recomendaciones de contenido, Netflix también utiliza la personalización en otros aspectos de la experiencia del usuario, como la personalización de perfiles de usuario, la reproducción automática de episodios y la creación de listas de reproducción personalizadas. Esta atención al detalle y enfoque en la personalización ha contribuido en gran medida al dominio de Netflix en el mercado del entretenimiento en línea.

Spotify:

Spotify, el servicio líder de streaming de música, es otro ejemplo destacado de personalización en el marketing digital. Utilizando algoritmos avanzados y análisis de datos, Spotify analiza el historial de escucha y las preferencias musicales de cada usuario para ofrecer listas de reproducción personalizadas que se adaptan a sus gustos individuales.

La función "Descubrimiento Semanal" de Spotify es un ejemplo destacado de su enfoque en la personalización. Cada semana, Spotify crea una lista de reproducción única para cada usuario que contiene canciones nuevas y recomendaciones personalizadas basadas en su historial de escucha y preferencias musicales. Según datos internos de Spotify, el 44% de los usuarios descubren nueva música a través de recomendaciones personalizadas, lo que destaca el impacto significativo de la personalización en la experiencia del usuario.

Además de las listas de reproducción personalizadas, Spotify también utiliza la personalización en otras áreas de su plataforma, como la personalización de perfiles de usuario, la recomendación de conciertos en función de las preferencias musicales y la creación de estaciones de radio personalizadas. Esta atención al detalle y enfoque en la personalización ha contribuido al éxito continuo de Spotify como líder en la industria de la música en línea.

Estos casos de estudio son solo algunos ejemplos de cómo las empresas líderes están utilizando la personalización en su estrategia de marketing para ofrecer experiencias únicas y significativas a sus clientes. Al centrarse en las necesidades y preferencias individuales de sus clientes, estas empresas han logrado generar compromiso, fomentar la lealtad del cliente y aumentar sus ingresos de manera significativa, estableciéndose como referentes en la era de la personalización en el marketing digital.

5 CONTENIDO Y ENGAGEMENT EN EL MARKETING DIGITAL

En la era actual del marketing digital, la creación de contenido efectivo y la implementación de estrategias de engagement se han vuelto imperativas para alcanzar el éxito. Este capítulo se sumerge en un análisis exhaustivo de cómo las marcas pueden diseñar y ejecutar estrategias de contenido que resuenen con sus audiencias, maximizando así el impacto de sus campañas de marketing digital.

La Importancia del Contenido Efectivo

El contenido efectivo es el alma de cualquier estrategia de marketing digital exitosa. No se trata solo de producir material visual o textual, sino de crear experiencias significativas que cautiven, informen y, en última instancia, motiven a la acción. Para lograr esto, las marcas deben entender profundamente a su audiencia, sus necesidades, deseos y puntos de dolor. Esto implica:

- Investigación de Audiencia: realizar un análisis detallado del público objetivo para comprender sus características demográficas, comportamientos en línea, preferencias de contenido y problemas que buscan resolver.

- Creación de Personas: desarrollar perfiles de compradores detallados que representen a diferentes segmentos de la audiencia, lo que permite una personalización más efectiva del contenido.

- Establecimiento de Objetivos Claros: definir objetivos específicos para cada pieza de contenido, ya sea aumentar la conciencia de marca, generar leads, impulsar conversiones o fomentar la lealtad del cliente.

Estrategias de Contenido para Diferentes Plataformas y Audiencias

Una vez que se ha realizado la investigación y se han establecido los objetivos, las marcas pueden diseñar estrategias de contenido adaptadas a las plataformas y audiencias específicas. Algunas tácticas comunes incluyen:

- Creación de Contenido Multimedia: la diversidad de formatos, como videos, infografías, podcasts y contenido interactivo, permite a las marcas llegar a diferentes segmentos de audiencia con el formato más adecuado para sus preferencias de consumo.

- Storytelling: contar historias auténticas y relevantes que resuenen con las emociones del público es una poderosa estrategia para conectar con ellos a nivel personal y fomentar la empatía hacia la marca.

- SEO y Optimización de Contenido: utilizar técnicas de optimización de motores de búsqueda (SEO) para garantizar que el contenido sea descubierto por el público objetivo cuando realiza búsquedas relevantes en línea.

- Personalización y Segmentación: adaptar el contenido según la etapa del viaje del comprador y los intereses específicos de cada segmento de audiencia, lo que aumenta la relevancia y el compromiso.

Estrategias de Engagement para Mantener a los Clientes Comprometidos

El engagement va más allá de simplemente atraer la atención; implica mantener una relación continua y significativa con la audiencia. Algunas estrategias efectivas de engagement incluyen:

- Creación de Comunidad: fomentar la participación activa de la audiencia en comunidades en línea, como grupos de Facebook, foros o comunidades en la propia plataforma de la marca, donde puedan interactuar entre sí y con la marca.

- Interacción Activa: responder de manera proactiva a los comentarios, preguntas y preocupaciones de la audiencia en todas las plataformas, demostrando un compromiso genuino con su satisfacción y bienestar.

- Contenido Generado por el Usuario (UGC): incentivar a los seguidores a crear y compartir su propio contenido relacionado con la marca, lo que no solo aumenta el engagement, sino que también valida la autenticidad y el valor de la marca en la mente de otros consumidores.

- Gamificación: incorporar elementos de juego, como

desafíos, recompensas y competiciones, en la experiencia del usuario para aumentar la participación y la lealtad.

El Papel de las Redes Sociales y el Marketing de Influencia en el Engagement del Cliente

Las redes sociales y el marketing de influencia son componentes clave en la estrategia de engagement de una marca. Las redes sociales ofrecen un canal directo para interactuar con la audiencia y construir relaciones auténticas, mientras que el marketing de influencia aprovecha la credibilidad y el alcance de los influencers para amplificar el mensaje de la marca. Algunas prácticas eficaces incluyen:

- Estrategias de Contenido Socialmente Compartible: desarrollar contenido que sea relevante, entretenido o inspirador, y que invite a la audiencia a compartirlo con sus redes, aumentando así el alcance orgánico y el engagement.

- Colaboraciones con Influencers: identificar y asociarse con influencers que sean relevantes para la marca y su audiencia, y colaborar con ellos en campañas de contenido patrocinado, reseñas de productos o participación en eventos, para aprovechar su influencia y credibilidad.

- Monitorización y Participación en Conversaciones: seguir de cerca las conversaciones sobre la marca en las redes sociales y participar activamente en ellas, respondiendo a los comentarios, resolviendo problemas y reconociendo los elogios, para demostrar un compromiso continuo con la audiencia y su satisfacción.

Creación de Contenido Efectivo para Diferentes Plataformas y Audiencias

La creación de contenido efectivo es un arte que requiere comprender profundamente a la audiencia a la que te diriges y adaptar tus mensajes para satisfacer sus necesidades y preferencias específicas. Aquí, exploraremos con más detalle cada una de las estrategias clave para crear contenido efectivo para diferentes plataformas y audiencias:

1. Conocer a tu Audiencia:

Entender a quién te estás dirigiendo es el primer paso fundamental en la creación de contenido efectivo. Esto implica ir más allá de simplemente identificar datos demográficos básicos y sumergirse en una comprensión más profunda de las características y comportamientos de tu audiencia. Algunas formas de hacerlo incluyen:

- Realizar investigaciones de mercado para recopilar datos demográficos y psicográficos.

- Analizar el comportamiento de navegación y las interacciones en tus plataformas digitales.

- Realizar encuestas y entrevistas con clientes existentes para comprender sus necesidades y deseos.

- Utilizar herramientas de análisis de redes sociales para obtener información sobre los intereses y preferencias de tu audiencia en línea.

Cuanto mejor comprendas a tu audiencia, más efectivamente podrás crear contenido que resuene con ellos y les proporcione valor real.

2. Diversificar el Formato de Contenido:

Las diferentes plataformas y canales de comunicación tienen sus propias preferencias y requisitos en cuanto al tipo de contenido que funciona mejor. Es importante diversificar tus formatos de contenido para adaptarse a las preferencias de tu audiencia y las características de la plataforma. Algunos formatos populares incluyen:

- Publicaciones en blogs: ideales para contenido educativo, análisis en profundidad y storytelling.

- Videos: Atractivos y altamente consumibles, son excelentes para demostraciones de productos, tutoriales y contenido inspirador.

- Imágenes: impactantes y visuales, ideales para compartir en redes sociales y captar la atención de manera rápida.

- Infografías: resumen información compleja de manera visualmente atractiva y fácil de entender.

- Podcasts: perfectos para contenido informativo y entrevistas en profundidad.

Al diversificar tus formatos de contenido, puedes llegar a diferentes segmentos de audiencia y mantener su interés a lo largo del tiempo.

3. Contenido Educativo y de Valor:

El contenido que educa, informa o entretiene a la audiencia tiende a tener un mejor rendimiento en términos de engagement. Los consumidores buscan contenido que les proporcione soluciones a sus problemas, respuestas a sus preguntas y valor real para sus vidas. Algunas estrategias para crear contenido educativo y de valor incluyen:

- Publicar guías paso a paso y tutoriales que ayuden a los usuarios a resolver problemas específicos.

- Crear contenido basado en preguntas frecuentes de los clientes para abordar las preocupaciones comunes.

- Compartir estudios de caso y testimonios de clientes para ilustrar cómo tu producto o servicio ha tenido un impacto positivo en la vida de las personas.

- Ofrecer consejos útiles y prácticos que ayuden a mejorar la vida personal o profesional de tu audiencia.

Al proporcionar contenido que agregue valor real a la vida de tu audiencia, puedes aumentar su compromiso y fidelidad a lo largo del tiempo.

4. Personalización del Contenido:

La personalización del contenido es una estrategia poderosa para aumentar el engagement y la relevancia del mensaje. Utilizando datos y tecnologías de personalización, puedes adaptar tu contenido a las preferencias y necesidades individuales de tus clientes. Algunas formas de personalizar tu contenido incluyen:

- Utilizar el nombre del usuario en los correos electrónicos y mensajes para una experiencia más personalizada.

- Recomendar productos o servicios basados en el historial de compras y las preferencias del cliente.

- Ofrecer ofertas exclusivas y descuentos personalizados para recompensar la lealtad del cliente.

- Crear contenido dinámico que se adapte automáticamente a las preferencias del usuario en tiempo real.

Al personalizar tu contenido, puedes aumentar la relevancia y el valor percibido para tu audiencia, lo que a su vez aumentará el engagement y la interacción con tu marca.

Estrategias de Engagement para Mantener a los Clientes Interesados y Comprometidos

Para garantizar una comprensión completa y profunda de las estrategias de engagement, es fundamental desglosar cada una de ellas con ejemplos prácticos, datos estadísticos y análisis detallados sobre su efectividad y aplicación en el contexto del marketing digital. A continuación, expandiré cada una de las estrategias mencionadas:

1. Interacción Activa:

La interacción activa con la audiencia es una piedra angular del engagement en el marketing digital. Fomentar la participación de los usuarios no solo aumenta la visibilidad y el alcance de la marca, sino que también fortalece la relación entre la marca y el cliente. Aquí hay algunas formas de implementar la interacción activa:

- Encuestas y cuestionarios: realizar encuestas y cuestionarios a través de redes sociales, correo electrónico o incluso en el sitio web de la marca puede brindar valiosa retroalimentación de los clientes y aumentar su participación activa. Por ejemplo, una empresa de productos de belleza puede realizar encuestas periódicas sobre los productos favoritos de los clientes o sus necesidades específicas de cuidado de la piel.

- Concursos y sorteos: organizar concursos y sorteos en las redes sociales puede generar entusiasmo y participación entre la audiencia. Por ejemplo, una empresa de ropa puede organizar un concurso de fotos en Instagram donde los seguidores pueden participar compartiendo fotos de ellos mismos usando sus productos, con la posibilidad de ganar premios emocionantes.

- Sesiones de preguntas y respuestas en vivo: realizar sesiones en vivo en plataformas como Instagram, Facebook o YouTube, donde los seguidores pueden hacer preguntas en tiempo real y recibir respuestas directamente de representantes de la marca, humaniza la marca y crea un sentido de conexión personal con la audiencia.

2. Contenido Interactivo:

El contenido interactivo es una herramienta poderosa para mantener a la audiencia comprometida y entretenida. Al proporcionar experiencias participativas, se fomenta una mayor inversión emocional por parte de los usuarios. Algunas formas de contenido interactivo incluyen:

- Juegos y quizzes: crear juegos y quizzes relacionados con la marca o la industria puede resultar divertido y educativo para la audiencia. Por ejemplo, una empresa de alimentos puede crear un juego en línea que desafíe a los usuarios a identificar ingredientes o recetas basadas en imágenes.

- Calculadoras y herramientas interactivas: ofrecer herramientas útiles y prácticas, como calculadoras de presupuesto, planificadores de viajes o evaluadores de estilo, puede proporcionar un valor adicional a la audiencia y mantener su compromiso con la marca.

- Experiencias inmersivas en realidad aumentada (AR) o realidad virtual (VR): si es relevante para tu industria, crear experiencias inmersivas en AR o VR puede generar un alto nivel de interés y compromiso entre los usuarios. Por ejemplo, una empresa de muebles puede ofrecer una experiencia de AR que permita a los clientes visualizar cómo se vería un sofá en su sala de estar antes de comprarlo.

3. Respuestas Rápidas y Personalizadas:

La atención rápida y personalizada a las consultas y comentarios de los usuarios es esencial para construir una relación sólida y positiva con la audiencia. Aquí hay algunas estrategias para lograrlo:

- Monitorización constante de las redes sociales y otras plataformas: estar atento a las menciones de la marca y a las consultas de los clientes en tiempo real es fundamental para poder responder de manera oportuna.

- Utilizar herramientas de gestión de redes sociales: herramientas como Hootsuite, Sprout Social o Buffer pueden ayudar a gestionar y responder eficientemente a las interacciones de los usuarios en diversas plataformas.

- Personalizar las respuestas según el contexto y las necesidades del usuario: evitar respuestas genéricas y utilizar el nombre del usuario cuando sea posible para una comunicación más personalizada y efectiva.

4. Crear una Comunidad:

Fomentar un sentido de comunidad entre los seguidores es una estrategia efectiva para mantener el engagement a largo plazo. Al proporcionar un espacio donde los usuarios puedan interactuar entre sí y compartir experiencias, se crea un vínculo más fuerte con la marca. Algunas formas de crear una comunidad incluyen:

- Creación de grupos en redes sociales: Facebook y LinkedIn ofrecen la opción de crear grupos centrados en temas específicos relacionados con la marca o la industria. Estos grupos pueden servir como lugares para discusiones, preguntas y el intercambio de ideas entre los miembros.

- Organización de eventos en línea: los eventos en línea, como webinars, charlas en vivo o sesiones de networking, ofrecen oportunidades para que los seguidores se conecten entre sí y con la marca de una manera más personalizada.

- Facilitar el contenido generado por el usuario: animar a los seguidores a compartir sus propias experiencias y opiniones sobre la marca puede fortalecer el sentido de comunidad y crear un sentido de pertenencia. Por ejemplo, una empresa de viajes puede pedir a los clientes que compartan fotos de sus aventuras utilizando un hashtag específico en las redes sociales.

Al implementar estas estrategias de engagement de manera efectiva, las marcas pueden cultivar relaciones más sólidas y duraderas con su audiencia, lo que conduce a una mayor lealtad, participación y apoyo a largo plazo.

El Papel de las Redes Sociales y el Marketing de Influencia en el Engagement del Cliente

Para comprender completamente el papel de las redes sociales y el marketing de influencia en el engagement del cliente, es esencial analizar en detalle cada una de estas estrategias y cómo se aplican en el contexto del marketing digital. A continuación, expandiré cada punto con ejemplos prácticos, datos estadísticos y análisis profundos:

1. Creación de Contenido Socialmente Compartible:

La creación de contenido socialmente compartible es una estrategia clave para aumentar el alcance y el engagement en las redes sociales. El objetivo es producir contenido que sea tan interesante, valioso o entretenido que los usuarios estén dispuestos a compartirlo con sus propias redes, lo que amplifica su alcance y visibilidad. Algunas tácticas efectivas incluyen:

- Videos virales: los videos cortos y entretenidos tienen un alto potencial para volverse virales en las redes sociales. Por ejemplo, la campaña "Ice Bucket Challenge" se volvió viral en 2014, generando millones de videos compartidos en todo el mundo y recaudando fondos para la investigación de la esclerosis lateral amiotrófica (ELA).

- Memes: imágenes o videos humorísticos que se comparten ampliamente en línea. Las marcas pueden aprovechar el poder del humor y la cultura de Internet para crear memes relacionados con su marca o productos, lo que aumenta la visibilidad y el engagement.

- Infografías llamativas: este formato visualmente atractivo es excelente para presentar datos o estadísticas de manera fácil de entender y compartible. Por ejemplo, una empresa de tecnología podría crear una infografía que resuma las tendencias de la industria en un formato visualmente atractivo.

- Contenido generado por el usuario (UGC): animar a los clientes a crear y compartir su propio contenido relacionado con la marca, como fotos, videos o reseñas, puede generar confianza y aumentar el engagement. Por ejemplo, la campaña de Starbucks "Red Cup Contest" alienta a los clientes a compartir fotos de sus bebidas en tazas rojas de Starbucks en las redes sociales, aumentando la conciencia de marca y la participación de los clientes.

2. Colaboraciones con Influencers:

El marketing de influencia es una estrategia poderosa para llegar a nuevas audiencias y generar confianza en la marca a través de asociaciones con personas influyentes en las redes sociales. Los influencers tienen una audiencia comprometida y confiable que confía en sus recomendaciones y opiniones. Algunas formas de colaborar con influencers incluyen:

- Campañas de contenido patrocinado: las marcas pueden pagar a los influencers para que creen y compartan contenido patrocinado que promueva sus productos o servicios. Por ejemplo, una marca de moda puede colaborar con un influencer de moda para promocionar su última colección en Instagram.

- Reseñas de productos: los influencers pueden revisar y

recomendar productos o servicios a su audiencia, lo que aumenta la credibilidad y la confianza en la marca. Por ejemplo, un influencer de belleza puede hacer una revisión de un nuevo producto de cuidado de la piel en su canal de YouTube.

- Eventos en vivo: organizar eventos en vivo en colaboración con influencers puede generar interés y engagement entre la audiencia. Por ejemplo, una marca de fitness puede organizar una clase de ejercicios en vivo con un influencer de fitness en Instagram Live.

3. Monitoreo y Participación en Conversaciones:

El monitoreo y la participación activa en las conversaciones sobre la marca en las redes sociales son fundamentales para gestionar la reputación en línea y fomentar el engagement con la audiencia. Algunas prácticas efectivas incluyen:

- Utilizar herramientas de monitoreo de redes sociales: las herramientas como Hootsuite, Sprout Social o Mention permiten rastrear las menciones de la marca y participar en conversaciones relevantes en tiempo real.

- Responder a comentarios y mensajes: responder a los comentarios y mensajes de los usuarios de manera oportuna y auténtica demuestra un compromiso con la audiencia y ayuda a construir relaciones sólidas con los clientes.

- Participar en conversaciones relevantes: buscar hashtags y temas relevantes en las redes sociales y participar en conversaciones significativas relacionadas con la marca o la industria puede aumentar la visibilidad y el engagement.

Al implementar estas estrategias de manera efectiva, las marcas pueden aprovechar al máximo el potencial de las redes sociales y el marketing de influencia para aumentar el engagement del cliente y construir relaciones sólidas con su audiencia en línea.

6 ANALÍTICA Y MEDICIÓN DE RESULTADOS

La analítica y la medición de resultados son aspectos cruciales del marketing digital. Para evaluar la efectividad de las estrategias implementadas, es fundamental contar con herramientas adecuadas y comprender las métricas clave que proporcionan información sobre el rendimiento de las campañas. En este capítulo, exploraremos en detalle las herramientas y métricas clave utilizadas para medir el éxito en el marketing digital.

Herramientas de Analítica en Marketing Digital:

1. Google Analytics:

   - Google Analytics es una herramienta esencial para el análisis de datos en marketing digital. Permite rastrear el tráfico del sitio web, el comportamiento del usuario, las conversiones y mucho más.

- Funciones principales: seguimiento de conversiones, análisis de embudo de conversión, seguimiento de eventos, análisis de audiencia y mucho más.

- Ejemplo de uso: un minorista en línea puede utilizar Google Analytics para identificar las páginas de destino más efectivas, el comportamiento de navegación de los usuarios y las tasas de conversión.

2. Google Tag Manager:

- Google Tag Manager es una herramienta que simplifica el proceso de implementación y gestión de etiquetas de seguimiento en un sitio web.

- Funciones principales: implementación de etiquetas de seguimiento sin necesidad de editar el código del sitio web, gestión centralizada de etiquetas, seguimiento de eventos personalizados, etc.

- Ejemplo de uso: una empresa de comercio electrónico puede utilizar Google Tag Manager para rastrear eventos personalizados, como clics en botones de compra o reproducción de videos.

3. Herramientas de Social Media Analytics:

- Plataformas como Facebook Insights, Twitter Analytics y LinkedIn Analytics proporcionan datos sobre el rendimiento de las publicaciones, la participación de la audiencia y la demografía de los seguidores.

- Funciones principales: análisis del rendimiento de las publicaciones, métricas de participación, demografía de la audiencia, etc.

- Ejemplo de uso: una empresa puede utilizar Facebook Insights para identificar el tipo de contenido que genera más participación entre su audiencia y ajustar su estrategia en consecuencia.

4. Herramientas de Email Marketing:

- Plataformas de email marketing como SenderGlobal, Mailchimp, Sendinblue y HubSpot ofrecen análisis detallados sobre la efectividad de las campañas de email.

- Funciones principales: seguimiento de tasas de apertura, tasas de clics, tasas de conversión, análisis de segmentación de la lista, etc.

- Ejemplo de uso: una empresa puede utilizar Mailchimp para evaluar la efectividad de sus campañas de correo electrónico, identificando qué correos electrónicos generan más interacción y conversiones.

Métricas Clave en Marketing Digital:

1. Tráfico del Sitio Web:

- Métricas: visitantes únicos, sesiones, páginas vistas.

- Importancia: indica el alcance y la visibilidad del sitio web entre la audiencia objetivo.

2. Tasas de Conversión:

- Métricas: tasa de conversión general, tasa de conversión por canal, tasa de conversión por página.

- Importancia: mide la efectividad del sitio web para convertir visitantes en acciones deseadas, como compras, suscripciones o registros.

3. Participación en Redes Sociales:

- Métricas: me gusta, comentarios, acciones, alcance, impresiones.

- Importancia: evalúa la interacción y el compromiso de la audiencia con el contenido compartido en las redes sociales.

4. ROI (Return on Investment):

- Métricas: ingresos generados, costos de marketing.

- Importancia: evalúa la rentabilidad de las inversiones en marketing digital y su impacto en los resultados comerciales.

5. Tasa de Abandono del Carrito de Compras:

- Métricas: tasa de abandono del carrito, razones de abandono.

- Importancia: identifica posibles puntos débiles en el proceso de compra en línea y ayuda a mejorar la experiencia del usuario para aumentar las conversiones.

6. Tasa de Apertura y Clics de Correo Electrónico:

- Métricas: tasa de apertura, tasa de clics, tasa de rebote.

- Importancia: evalúa la efectividad de las campañas de email marketing para llegar a la audiencia y generar interacción.

7. Posicionamiento en Motores de Búsqueda:

- Métricas: ranking de palabras clave, tráfico orgánico, clics por posición.

- Importancia: mide la visibilidad del sitio web en los resultados de búsqueda y su capacidad para atraer tráfico relevante.

Análisis y Optimización Continua:

Una vez que se recopilan datos utilizando estas herramientas y métricas, es crucial realizar un análisis continuo para identificar áreas de mejora y optimizar las estrategias de marketing digital. Esto implica:

- Identificar tendencias y patrones en los datos.

- Realizar pruebas A/B para evaluar la efectividad de diferentes enfoques.

- Ajustar las estrategias en función de los hallazgos del análisis.

- Establecer objetivos claros y medibles para guiar el proceso de optimización.

En resumen, las herramientas de analítica y las métricas clave desempeñan un papel fundamental en la evaluación del éxito en el marketing digital. Al utilizar herramientas adecuadas y comprender las métricas relevantes, las marcas pueden tomar decisiones informadas y optimizar sus estrategias para lograr mejores resultados y maximizar el retorno de la inversión.

Interpretación de Datos y Toma de Decisiones Basadas en Análisis:

La interpretación de datos y la toma de decisiones basadas en análisis son elementos fundamentales en el proceso de marketing digital. Este proceso implica mucho más que simplemente observar números; implica comprender el significado detrás de esos datos y utilizar esa comprensión para tomar decisiones estratégicas informadas. A continuación, profundizaremos en este proceso, destacando su importancia, sus componentes clave y cómo se lleva a cabo en la práctica.

La interpretación de datos y la toma de decisiones basadas en análisis son esenciales por varias razones:

1. Optimización de Estrategias: permite a las empresas identificar qué estrategias están funcionando y cuáles necesitan ajustes para mejorar su eficacia.

2. Identificación de Oportunidades: ayuda a identificar oportunidades de crecimiento y áreas donde se pueden realizar mejoras para maximizar el impacto de las iniciativas de marketing.

3. Alineación con Objetivos: facilita la alineación de las actividades de marketing con los objetivos comerciales más amplios de la empresa, garantizando que todas las acciones estén orientadas hacia el logro de metas específicas.

4. Adaptación al Cambio: permite a las empresas adaptarse rápidamente a cambios en el mercado, las tendencias del consumidor y el entorno competitivo al analizar y responder a los datos en tiempo real.

Para llevar a cabo una interpretación efectiva de datos y tomar decisiones informadas, es importante considerar los siguientes aspectos:

1. Identificación de Tendencias y Patrones: analizar los datos para identificar tendencias y patrones que puedan proporcionar información valiosa sobre el comportamiento del consumidor, el rendimiento de las campañas y las oportunidades de mejora.

2. Comparación de Datos: comparar datos de diferentes fuentes y períodos de tiempo para identificar cambios significativos y áreas de mejora potencial. Esto puede incluir comparar el rendimiento de campañas pasadas con las actuales o comparar el rendimiento en diferentes segmentos de audiencia.

3. Utilización de Datos para la Toma de Decisiones: utilizar datos para respaldar la toma de decisiones estratégicas,

como ajustar la segmentación de la audiencia, optimizar el contenido y realinear los presupuestos de marketing. Las decisiones deben basarse en evidencia sólida y análisis exhaustivos para garantizar su efectividad y éxito.

Optimización Continua en el Marketing Digital: Mejorando Constantemente las Estrategias Basadas en los Resultados

La optimización continua es un aspecto fundamental del marketing digital que implica un proceso iterativo de mejora constante. Esta práctica permite a las empresas adaptarse y evolucionar en un entorno digital en constante cambio, garantizando que sus estrategias permanezcan efectivas y relevantes a lo largo del tiempo. A continuación, exploraremos en detalle cómo se lleva a cabo la optimización continua y su importancia en el éxito a largo plazo en el marketing digital.

Una parte esencial de la optimización continua implica la realización de pruebas y experimentos para probar nuevas ideas y estrategias. Esto puede incluir:

1. Pruebas A/B: comparar dos versiones diferentes de una página web, correo electrónico u otro elemento de marketing para determinar cuál genera mejores resultados. Por ejemplo, probar diferentes títulos de correo electrónico para ver cuál tiene una tasa de apertura más alta.

2. Pruebas Multivariadas: evaluar múltiples variables al

mismo tiempo para determinar la combinación óptima que maximiza los resultados. Por ejemplo, probar diferentes combinaciones de imágenes, texto y llamadas a la acción en una página de destino.

3. Experimentos de Marketing: implementar cambios controlados en las estrategias de marketing para medir su impacto en el rendimiento. Esto puede incluir ajustes en el presupuesto de publicidad, la segmentación de la audiencia o la frecuencia de publicación en redes sociales.

La optimización continua también implica analizar regularmente los datos recopilados y ajustar las estrategias en función de los resultados obtenidos. Esto puede implicar:

1. Seguimiento de Métricas Clave: monitorizar métricas importantes como tasas de conversión, tasas de clics, ROI y otros indicadores de rendimiento para evaluar el éxito de las estrategias de marketing.

2. Identificación de Tendencias: buscar tendencias y patrones en los datos para comprender mejor el comportamiento del usuario y las preferencias de la audiencia.

3. Optimización de Campañas: utilizar los insights obtenidos del análisis de datos para realizar ajustes en las campañas de marketing, como cambios en la segmentación de la audiencia, ajustes en el contenido o modificaciones en las estrategias de oferta.

Para llevar a cabo una optimización continua efectiva, es crucial mantenerse al día de las tendencias del mercado y las innovaciones en tecnología y herramientas de marketing. Esto puede incluir:

1. Investigación de Mercado: monitorear las tendencias emergentes en la industria y el comportamiento del consumidor para identificar nuevas oportunidades y desafíos.

2. Exploración de Nuevas Tecnologías: estar al tanto de las últimas tecnologías y herramientas de marketing, como inteligencia artificial, automatización de marketing y realidad aumentada, para aprovechar al máximo las nuevas oportunidades.

3. Participación en la Comunidad Profesional: involucrarse en comunidades y redes de profesionales de marketing para compartir conocimientos, experiencias y mejores prácticas sobre optimización continua y estrategias efectivas.

Por último, la optimización continua requiere establecer metas claras y medibles y revisar regularmente el progreso hacia su logro. Esto implica:

1. Definición de Objetivos SMART: establecer objetivos específicos, medibles, alcanzables, relevantes y con plazos definidos (SMART, por sus siglas en inglés) para proporcionar una dirección clara y medible para la optimización continua.

2. Monitoreo de Progreso: seguimiento regular del progreso hacia el logro de los objetivos establecidos y ajuste de las estrategias según sea necesario para garantizar que se cumplan los objetivos.

3. Evaluación y Aprendizaje: reflexionar sobre los resultados obtenidos y aprender de las experiencias pasadas para informar y mejorar las estrategias futuras de optimización continua.

En resumen, la optimización continua en el marketing digital es un proceso vital para mejorar constantemente las estrategias basadas en los resultados. Al realizar pruebas y experimentos, analizar regularmente los datos, mantenerse al tanto de las tendencias del mercado y establecer metas claras, las empresas pueden adaptarse y prosperar en un entorno digital en constante evolución, garantizando un éxito a largo plazo en sus esfuerzos de marketing.

7 PRINCIPIOS PARA EL CRECIMIENTO EMPRESARIAL

En la era digital, el éxito empresarial depende no solo de la capacidad de adaptarse a la última tecnología o tácticas de marketing, sino también de la implementación de principios fundamentales que actúen como pilares para el crecimiento sostenible. Estos principios proporcionan una guía sólida en un entorno empresarial dinámico y competitivo. En este capítulo, exploraremos en profundidad tres principios esenciales para el crecimiento empresarial en la era digital: visión y propósito, agilidad y adaptabilidad, y cultura de innovación y aprendizaje continuo.

Visión y Propósito: Definir la Misión de la Empresa en la Era Digital

En el vertiginoso mundo empresarial actual, caracterizado por cambios rápidos y una competencia implacable, el establecimiento de una visión y propósito sólidos se convierte en un pilar fundamental para la supervivencia y el éxito a largo plazo de cualquier empresa. La era digital, con su constante evolución tecnológica y transformación del panorama comercial, agrega una capa adicional de complejidad a este desafío. Por lo tanto, definir la misión de la empresa en este contexto requiere una comprensión profunda de los valores fundamentales de la organización, su posición en el mercado y su contribución única al mundo.

Definición de la Misión:

La misión de una empresa en la era digital debe ser más que una simple declaración de intenciones; debe encapsular el propósito fundamental de la organización y su razón de ser en el mundo empresarial. Para lograr esto de manera efectiva, es crucial responder a una serie de preguntas fundamentales:

- ¿Qué hace la empresa? Esta pregunta busca identificar las actividades principales de la empresa, ya sea la producción de bienes, la prestación de servicios, la innovación tecnológica, entre otros.

- ¿Por qué lo hace? Aquí es donde la empresa debe articular claramente su motivación y el impacto que busca tener en el mundo. ¿Cuál es su contribución única o su propuesta de valor diferenciada?

- ¿Qué la hace única? Esta pregunta explora los aspectos distintivos de la empresa que la diferencian de la competencia. ¿Cuáles son sus fortalezas clave o sus ventajas competitivas?

Al responder estas preguntas de manera concisa y precisa, la empresa puede desarrollar una declaración de misión que no solo sea inspiradora, sino también práctica y alineada con sus objetivos estratégicos a largo plazo.

Alineación con Valores:

La misión de una empresa debe estar intrínsecamente vinculada a sus valores fundamentales y principios éticos. Estos valores actúan como la brújula moral de la organización, guiando sus decisiones y acciones en todas las áreas de operación. Al alinear la misión con los valores centrales de la empresa, se establece una coherencia y consistencia en la cultura organizacional, lo que fortalece la identidad de la marca y genera confianza tanto dentro como fuera de la empresa.

Es esencial que los líderes empresariales comuniquen de manera efectiva estos valores y su importancia en la realización de la misión de la empresa. Esto no solo ayuda a inspirar y motivar a los colaboradores, sino que también construye una reputación sólida y una conexión emocional con los clientes y otras partes interesadas.

Inspirar a los Colaboradores:

La comunicación clara y efectiva de la visión y la misión de la empresa es fundamental para inspirar y motivar a los colaboradores en todos los niveles de la organización. Los líderes empresariales deben asegurarse de que todos los miembros del equipo comprendan no solo lo que hace la empresa, sino también por qué lo hace y cuál es su contribución al mundo.

Esto va más allá de simplemente transmitir información;

implica crear una narrativa convincente que conecte emocionalmente con los colaboradores y los motive a trabajar hacia objetivos comunes. Los líderes también deben fomentar un sentido de propiedad y responsabilidad compartida entre los colaboradores, alineando sus objetivos individuales con la misión más amplia de la empresa.

En conclusión, la definición de la misión de una empresa en la era digital es un proceso fundamental que requiere una cuidadosa reflexión y consideración. Al articular una visión y un propósito claros, alineados con los valores fundamentales de la organización y comunicados de manera efectiva a todos los niveles de la empresa, se establece una base sólida para el crecimiento y el éxito a largo plazo en un entorno empresarial en constante cambio.

Agilidad y Adaptabilidad: Cómo Mantenerse Flexible en un Entorno Empresarial Cambiante

En el mundo empresarial actual, la agilidad y la adaptabilidad se han convertido en imperativos para el éxito. La velocidad del cambio y la evolución en el mercado requieren que las empresas sean flexibles y receptivas a las condiciones cambiantes. En este capítulo, exploraremos en profundidad cómo las organizaciones pueden mantenerse ágiles y adaptables en un entorno empresarial cambiante, centrándonos en tres aspectos clave: flexibilidad operativa, enfoque en la innovación incremental y resiliencia ante la adversidad.

Flexibilidad Operativa:

La flexibilidad operativa es la capacidad de una empresa para ajustar rápidamente su estructura organizativa, procesos y recursos en respuesta a las cambiantes condiciones del mercado. Esto implica eliminar la rigidez y la burocracia que pueden obstaculizar la toma de decisiones ágiles y limitar la capacidad de adaptación de la empresa. Algunas estrategias para promover la flexibilidad operativa incluyen:

- Estructuras Organizativas Ágiles: las empresas pueden adoptar estructuras organizativas planas y flexibles que fomenten la colaboración, la comunicación abierta y la toma de decisiones descentralizada. Esto permite una respuesta más rápida a las oportunidades y amenazas del mercado.

- Procesos Simplificados: simplificar los procesos internos y eliminar la burocracia innecesaria puede reducir la carga administrativa y permitir una toma de decisiones más rápida y eficiente. Las empresas pueden utilizar metodologías ágiles como Scrum o Kanban para gestionar proyectos de manera más flexible y adaptable.

- Flexibilidad Laboral: ofrecer opciones de trabajo remoto, horarios flexibles y otras formas de flexibilidad laboral puede ayudar a atraer y retener talento, así como a adaptarse a las necesidades cambiantes de los colaboradores. Esto también puede mejorar la satisfacción y el compromiso de los empleados.

La flexibilidad operativa permite a las empresas responder rápidamente a las oportunidades del mercado, adaptarse a los cambios y mantenerse competitivas en un entorno empresarial dinámico.

Enfoque en la Innovación Incremental:

La innovación incremental se refiere a la mejora continua de productos, procesos o servicios a través de pequeños cambios y ajustes incrementales. A diferencia de la innovación disruptiva, que introduce cambios radicales y transformadores, la innovación incremental se centra en optimizar y mejorar lo que ya existe. Algunas estrategias para fomentar la innovación incremental incluyen:

- Cultura de Mejora Continua: fomentar una cultura organizacional que valore la innovación y la mejora continua puede motivar a los colaboradores a buscar constantemente formas de optimizar y mejorar su trabajo. Esto puede incluir la implementación de programas de sugerencias de empleados, hackathons internos y otras iniciativas de innovación.

- Experimentación y Aprendizaje: animar a los equipos a experimentar y probar nuevas ideas y enfoques puede generar nuevas oportunidades y descubrimientos. Las empresas pueden utilizar metodologías como el diseño centrado en el usuario y el desarrollo ágil para iterar rápidamente y aprender de los resultados.

- Colaboración Interdisciplinaria: fomentar la colaboración entre equipos y departamentos puede dar lugar a ideas innovadoras y soluciones creativas. Las empresas pueden organizar sesiones de lluvia de ideas interdepartamentales, hackathons cruzados y otras actividades para promover la colaboración y el intercambio de conocimientos.

La innovación incremental permite a las empresas mantenerse al día con las demandas cambiantes del mercado y mejorar constantemente su posición competitiva.

Resiliencia ante la Adversidad:

La resiliencia empresarial se refiere a la capacidad de una organización para recuperarse rápidamente de los contratiempos y desafíos. En un entorno empresarial cada vez más volátil, la resiliencia se ha convertido en una habilidad crítica para garantizar la supervivencia a largo plazo de una empresa. Algunas estrategias para fomentar la resiliencia empresarial incluyen:

- Planificación de la Continuidad del Negocio: desarrollar planes de continuidad del negocio y procedimientos de respuesta a emergencias puede ayudar a mitigar el impacto de eventos imprevistos y garantizar la continuidad de las operaciones. Esto puede incluir la identificación de riesgos potenciales, la asignación de recursos de emergencia y la formación del personal en procedimientos de respuesta.

- Diversificación de Ingresos: diversificar las fuentes de ingresos puede ayudar a proteger a una empresa de la volatilidad en un mercado específico o sector. Esto puede implicar la expansión a nuevos mercados, la diversificación de productos o servicios, o la búsqueda de oportunidades en industrias relacionadas.

- Cultura de Resiliencia: fomentar una cultura organizacional que valore la resiliencia y la adaptabilidad puede ayudar a fortalecer la capacidad de una empresa para enfrentar y superar los desafíos. Esto puede incluir la promoción de la mentalidad de crecimiento, el reconocimiento del esfuerzo y la perseverancia, y la celebración de los éxitos a pesar de las dificultades.

La resiliencia empresarial es crucial para mantener la estabilidad y la continuidad en un entorno empresarial cambiante y competitivo.

En conclusión, la agilidad y la adaptabilidad son habilidades críticas para el éxito empresarial en la era digital. Las empresas deben ser flexibles en su estructura y procesos, centrarse en la innovación incremental para mantenerse al día con las demandas del mercado, y desarrollar la resiliencia necesaria para enfrentar los desafíos y contratiempos. Al adoptar estas estrategias y enfoques, las empresas pueden posicionarse para prosperar en un entorno empresarial cada vez más volátil y competitivo.

Cultura de Innovación y Aprendizaje Continuo

En la era digital, donde la innovación es la clave para la diferenciación y el éxito, es fundamental fomentar una cultura de innovación y aprendizaje continuo dentro de la empresa. Esto implica:

- Promover la Creatividad y la Experimentación: las empresas deben crear un entorno donde se valoren y fomenten nuevas ideas y enfoques. Esto significa proporcionar tiempo y recursos para la experimentación y estar abiertos a asumir riesgos calculados.

- Invertir en Desarrollo Personal y Profesional: proporcionar oportunidades de aprendizaje y desarrollo para los colaboradores es esencial para mantenerse al día con las últimas tendencias y tecnologías. Esto puede incluir programas de capacitación, mentorías y desarrollo de habilidades.

- Reconocer y Celebrar el Éxito: reconocer y celebrar los logros y éxitos, tanto grandes como pequeños, es fundamental para fomentar una cultura de innovación y aprendizaje continuo. Esto crea un ambiente positivo y motivador que inspira a los colaboradores a esforzarse por la excelencia.

Una cultura de innovación y aprendizaje continuo impulsa la creatividad y la excelencia dentro de la empresa, posicionándola para sobresalir en un entorno empresarial cada vez más competitivo y disruptivo.

8 ESTRATEGIAS DE MARKETING DIGITAL PARA PEQUEÑAS Y MEDIANAS EMPRESAS

En un mundo cada vez más digitalizado, las pequeñas y medianas empresas (PYMEs) tienen una gran oportunidad para competir en el mercado global mediante el uso efectivo de estrategias de marketing digital. Sin embargo, debido a sus limitaciones de recursos, es fundamental que estas empresas puedan acceder a herramientas y recursos accesibles que les permitan competir de manera efectiva. En este capítulo, exploraremos en detalle los recursos y herramientas disponibles para las PYMEs que desean incursionar en el marketing digital y destacar en un mercado altamente competitivo.

Recursos y Herramientas Accesibles para Empresas de Menor Tamaño

Las PYMEs, a menudo enfrentan desafíos únicos cuando se trata de implementar estrategias de marketing digital debido a sus limitaciones de presupuesto, personal y experiencia. Sin embargo, existen numerosos recursos y herramientas accesibles que pueden ayudar a estas empresas a superar estas barreras y lograr resultados significativos en su estrategia de marketing digital. A continuación, exploraremos algunos de estos recursos y herramientas en detalle:

1. Plataformas de Gestión de Redes Sociales:

Las redes sociales se han convertido en un componente crucial del marketing digital para las PYMEs. Plataformas como Hootsuite, Buffer y Sprout Social ofrecen soluciones integrales para la gestión de múltiples perfiles de redes sociales, programación de contenido, análisis de rendimiento y colaboración en equipo. Estas herramientas permiten a las PYMEs mantener una presencia activa en las redes sociales sin la necesidad de dedicar una cantidad significativa de tiempo y recursos.

2. Software de Automatización de Marketing:

El software de automatización de marketing, como HubSpot, Mailchimp y ActiveCampaign, puede ayudar a las PYMEs a automatizar tareas repetitivas, como el envío de correos electrónicos, la gestión de campañas y el seguimiento de clientes potenciales. Estas herramientas permiten a las empresas ahorrar tiempo y recursos al tiempo que mejoran la eficiencia y la efectividad de sus esfuerzos de marketing.

3. Plataformas de Gestión de Contenidos:

Las PYMEs pueden beneficiarse del uso de plataformas de gestión de contenidos (CMS) como WordPress, Wix y Squarespace para crear y gestionar fácilmente sitios web y blogs. Estas plataformas ofrecen una variedad de plantillas y herramientas de personalización que permiten a las empresas crear sitios web profesionales sin la necesidad de conocimientos técnicos avanzados.

4. Herramientas de Analítica Web:

Como ya se ha mencionado en otros capítulos, el seguimiento y análisis del rendimiento del sitio web es fundamental para el éxito del marketing digital. Herramientas como Google Analytics proporcionan a las PYMEs información valiosa sobre el tráfico del sitio web, el comportamiento del usuario y el rendimiento de las campañas. Esto permite a las empresas tomar decisiones informadas y ajustar su estrategia de marketing para mejorar los resultados.

5. Plataformas de Publicidad Digital:

Las PYMEs pueden aprovechar plataformas de publicidad digital como Google Ads, Facebook Ads y LinkedIn Ads para llegar a su público objetivo de manera efectiva y generar clientes potenciales cualificados. Estas plataformas ofrecen opciones de segmentación avanzada, presupuestos flexibles y herramientas de seguimiento de conversiones que permiten a las empresas maximizar el retorno de su inversión publicitaria.

6. Recursos Educativos en Línea:

Además de las herramientas específicas de marketing digital, las PYMEs pueden beneficiarse de una amplia gama de recursos educativos en línea, como blogs, cursos y tutoriales. Plataformas como Coursera, Udemy y HubSpot Academy ofrecen cursos tanto gratuitos como de pago de alta calidad sobre temas que van desde estrategias de marketing digital hasta optimización de motores de búsqueda (SEO) y gestión de redes sociales.

7. Comunidades y Grupos de Networking:

Participar en comunidades en línea y grupos de networking puede proporcionar a las PYMEs acceso a conocimientos, recursos y oportunidades de colaboración. Plataformas como LinkedIn, Facebook y Reddit albergan una variedad de grupos de networking y comunidades en línea donde los empresarios pueden conectarse con otros profesionales del sector y compartir ideas y experiencias.

Estos son solo algunos ejemplos de los muchos recursos y herramientas accesibles que las PYMEs pueden aprovechar para mejorar sus esfuerzos de marketing digital. Al hacer un uso efectivo de estas herramientas, las PYMEs pueden aumentar su visibilidad en línea, generar clientes potenciales de calidad y competir de manera efectiva en un mercado cada vez más digitalizado.

Estrategias de Marketing Digital Rentables y de Alto Impacto

Para las pequeñas y medianas empresas (PYMEs), es crucial implementar estrategias de marketing digital que ofrezcan un alto retorno de la inversión (ROI) sin comprometer sus limitados recursos financieros. En este sentido, existen diversas estrategias rentables y de alto impacto que pueden ayudar a las PYMEs a alcanzar sus objetivos de marketing digital de manera efectiva. A continuación, exploraremos algunas de estas estrategias en detalle:

1. Marketing de Contenidos:

El marketing de contenidos es una estrategia integral que abarca la creación, distribución y promoción de contenido relevante y valioso para atraer, involucrar y retener a una audiencia específica. Este enfoque no solo implica la publicación de blogs regulares en el sitio web de la empresa, sino también la producción de una variedad de contenido multimedia, como videos, infografías, guías, estudios de caso y podcasts. Además, el marketing de contenidos se extiende a través de diversas plataformas y canales, incluyendo el blog de la empresa, redes sociales, boletines informativos por correo electrónico y colaboraciones con otros sitios web y medios de comunicación.

La clave para el éxito en el marketing de contenidos radica en comprender a la audiencia objetivo y crear contenido que satisfaga sus necesidades, responda sus preguntas y agregue valor a sus vidas.

2. SEO (Optimización de Motores de Búsqueda):

La optimización de motores de búsqueda (SEO) es un componente fundamental del marketing digital que busca mejorar la visibilidad y el ranking de un sitio web en los resultados de búsqueda orgánica. La implementación efectiva de estrategias de SEO implica una combinación de investigación de palabras clave, optimización de contenido y estructura del sitio web, creación de enlaces de calidad y seguimiento y análisis de datos.

Además, el SEO se extiende más allá del contenido en el sitio web, abarcando también la optimización de listados locales, la gestión de reseñas y la participación en estrategias de construcción de enlaces. Aunque los resultados del SEO pueden llevar tiempo en materializarse, su impacto a largo plazo en la visibilidad y la autoridad de un sitio web lo convierte en una estrategia esencial para las PYMEs que buscan aumentar su presencia en línea y generar tráfico de calidad.

3. Email Marketing:

El email marketing sigue siendo una herramienta poderosa y rentable para las PYMEs, permitiéndoles comunicarse directamente con su audiencia objetivo a través de correos electrónicos personalizados y relevantes. Las estrategias de email marketing pueden incluir el envío de boletines informativos periódicos, promociones especiales, actualizaciones de productos, contenido exclusivo y mensajes de seguimiento automatizados. Además, el email marketing ofrece la posibilidad de segmentar la lista de suscriptores según diversos criterios, como la ubicación, la demografía y el comportamiento de compra, lo que permite a las PYMEs enviar mensajes altamente dirigidos y aumentar la relevancia y efectividad de sus campañas.

Al centrarse en la construcción y nutrición de relaciones a largo plazo con los suscriptores, las PYMEs pueden utilizar el email marketing como una herramienta efectiva para generar leads, fomentar la lealtad del cliente y aumentar las conversiones.

4. Marketing en Redes Sociales:

Las redes sociales han cambiado la forma en que las empresas interactúan con sus clientes y promocionan sus productos y servicios. Para las PYMEs, las redes sociales ofrecen una plataforma rentable y accesible para construir y mantener relaciones con los clientes, aumentar la visibilidad de la marca y generar leads. Las estrategias de marketing en redes sociales pueden incluir la publicación regular de contenido, la participación en conversaciones relevantes, la promoción de productos y servicios, la realización de concursos y sorteos, y la colaboración con influencers y otras marcas.

Además, las herramientas de publicidad en redes sociales permiten a las PYMEs amplificar su alcance y llegar a audiencias específicas a través de opciones avanzadas de segmentación y orientación. Al desarrollar una estrategia de marketing en redes sociales coherente y centrada en el cliente, las PYMEs pueden aprovechar el poder de las redes sociales para aumentar la conciencia de la marca, generar tráfico web y aumentar las ventas y conversiones.

5. Marketing de Influencers:

El marketing de influencers ha emergido como una estrategia efectiva para las PYMEs que buscan llegar a audiencias específicas a través de individuos influyentes en su nicho de mercado. Los influencers, que pueden ser bloggers, YouTubers, Instagrammers u otras figuras destacadas en las redes sociales, tienen la capacidad de generar confianza y credibilidad entre sus seguidores, lo que los convierte en socios valiosos para las marcas.

Las estrategias de marketing de influencers pueden incluir colaboraciones pagadas, donde los influencers promocionan productos o servicios de una empresa a cambio de una compensación, así como también colaboraciones orgánicas, donde las empresas envían muestras de productos o invitaciones a eventos a los influencers con la esperanza de que los mencionen en sus plataformas. Al seleccionar cuidadosamente a los influencers que se alineen con los valores y la identidad de la marca, las PYMEs pueden aprovechar el alcance y la influencia de estos creadores de contenido para aumentar la visibilidad de la marca, llegar a nuevas audiencias y generar confianza entre los consumidores.

6. Publicidad PPC (Pago por Clic):

La publicidad PPC es una estrategia rentable y altamente efectiva para las PYMEs que desean aumentar la visibilidad de su marca, generar leads y aumentar las conversiones. A través de plataformas de publicidad como Google Ads, Facebook Ads, LinkedIn Ads y Twitter Ads, las empresas pueden crear anuncios altamente dirigidos y personalizados que se muestran a los usuarios basándose en criterios específicos, como la ubicación, la demografía, los intereses y el comportamiento de búsqueda.

La publicidad PPC ofrece una serie de ventajas, incluyendo un control total sobre el presupuesto y los objetivos de la campaña, una rápida capacidad de escalabilidad y una alta capacidad de medición y análisis de resultados. Además, las opciones avanzadas de orientación y segmentación permiten a las PYMEs llegar a audiencias altamente específicas y calificadas, lo que aumenta la efectividad y el retorno de la inversión de sus campañas publicitarias. Al implementar una estrategia de publicidad PPC bien planificada y ejecutada, las PYMEs pueden aprovechar el poder del marketing digital para aumentar la visibilidad de su marca, generar tráfico cualificado a su sitio web y aumentar las ventas y conversiones.

7. Marketing de Contenidos Audiovisuales:

Con el crecimiento del consumo de contenido audiovisual en línea, las PYMEs pueden aprovechar estrategias de marketing de contenido audiovisual, como videos y podcasts, para llegar a su audiencia de manera efectiva. Estos formatos de contenido pueden ser altamente atractivos y compartibles, lo que los hace ideales para aumentar la visibilidad y el compromiso de la marca en línea. El video marketing, en particular, ha demostrado ser una herramienta efectiva para las PYMEs, ya que permite transmitir mensajes de manera clara y concisa, contar historias convincentes y mostrar productos y servicios de una manera visualmente atractiva.

Las plataformas de video populares, como YouTube, Vimeo y TikTok, ofrecen a las PYMEs la oportunidad de compartir contenido audiovisual con su audiencia de manera gratuita o a través de publicidad paga. Del mismo modo, los podcasts pueden ser una forma efectiva de llegar a audiencias específicas y construir relaciones con los clientes a través de contenido informativo, entretenido y perspicaz. Al invertir en la producción de contenido audiovisual de alta calidad y relevancia, las PYMEs pueden aumentar el conocimiento de la marca, generar confianza entre los consumidores y diferenciarse de la competencia en el mercado digital.

Estas estrategias de marketing digital ofrecen a las PYMEs la oportunidad de aumentar su visibilidad en línea, generar leads cualificados y aumentar las conversiones de manera rentable y efectiva. Al adoptar un enfoque estratégico y centrado en el cliente, las PYMEs pueden maximizar el impacto de sus esfuerzos de marketing digital y alcanzar el éxito en un mercado cada vez más competitivo.

Consejos Prácticos para Implementar una Estrategia de Marketing Digital Eficaz con Recursos Limitados

Para las pequeñas y medianas empresas (PYMEs) con recursos limitados, implementar una estrategia de marketing digital efectiva puede parecer desafiante. Sin embargo, existen varios consejos prácticos que pueden ayudar a estas empresas a maximizar sus esfuerzos de marketing digital y lograr resultados significativos sin comprometer su presupuesto. A continuación, exploraremos algunos de estos consejos en detalle:

1. Establecer Objetivos Claros y Medibles:

Antes de comenzar cualquier iniciativa de marketing digital, es fundamental establecer objetivos claros y medibles que guíen las actividades y evalúen el éxito. Estos objetivos pueden incluir aumentar el tráfico del sitio web, generar leads cualificados, mejorar las tasas de conversión o aumentar las ventas. Al establecer objetivos específicos, medibles, alcanzables, relevantes y oportunos (SMART), las PYMEs pueden enfocar sus recursos y esfuerzos en actividades que conduzcan a resultados tangibles y alineados con sus metas comerciales.

2. Conocer a la Audiencia Objetivo:

Entender a la audiencia objetivo es fundamental para el éxito del marketing digital. Las PYMEs deben realizar una investigación exhaustiva para comprender las necesidades, deseos, comportamientos y preferencias de su público objetivo. Esto incluye identificar las características demográficas, los intereses, los desafíos y los puntos de dolor de los clientes potenciales, así como también comprender el proceso de compra y los canales de comunicación preferidos. Al tener una comprensión clara de la audiencia objetivo, las PYMEs pueden crear mensajes y ofertas que resuenen con su público y aumenten la efectividad de sus esfuerzos de marketing digital.

3. Optimizar la Presencia en Línea:

La presencia en línea de una empresa juega un papel crucial en su éxito en el marketing digital. Las PYMEs deben asegurarse de que su sitio web sea fácil de encontrar, navegar y usar para los usuarios, y esté optimizado para dispositivos móviles y motores de búsqueda. Esto incluye la creación de contenido de alta calidad y relevante que responda a las preguntas y necesidades de los clientes potenciales, así como también la optimización de palabras clave, meta descripciones, etiquetas de título y otros elementos técnicos y de contenido para mejorar el posicionamiento en los motores de búsqueda.

4. Crear Contenido Valioso y Relevante:

El contenido sigue siendo el rey en el mundo del marketing digital. Las PYMEs deben centrarse en crear contenido valioso, relevante y útil para su audiencia objetivo en diferentes formatos, como blogs, videos, infografías, guías y estudios de caso. Este contenido no solo ayuda a aumentar la visibilidad en línea de la empresa y atraer tráfico cualificado al sitio web, sino que también establece su autoridad en su industria y genera confianza entre los clientes potenciales. Al proporcionar contenido que responda a las preguntas y necesidades de los clientes potenciales en cada etapa del proceso de compra, las PYMEs pueden aumentar la probabilidad de convertir leads en clientes y fomentar la lealtad del cliente a largo plazo.

5. Aprovechar las Redes Sociales y el Marketing de Contenidos:

Las redes sociales y el marketing de contenidos son herramientas poderosas para las PYMEs que buscan aumentar su visibilidad en línea y comprometer a su audiencia. Las empresas pueden aprovechar las plataformas de redes sociales para compartir contenido relevante, interactuar con seguidores, promocionar productos y servicios, y generar leads. Además, el marketing de contenidos permite a las PYMEs crear y distribuir contenido valioso y relevante que atraiga y retenga a su audiencia objetivo. Al combinar estratégicamente el uso de las redes sociales y el marketing de contenidos, las PYMEs pueden aumentar la conciencia de la marca, generar tráfico web y fomentar la participación del cliente de manera efectiva.

6. Medir y Analizar Resultados:

La medición y el análisis de resultados son fundamentales para el éxito continuo del marketing digital. Las PYMEs deben utilizar herramientas de análisis web, como Google Analytics, para rastrear el rendimiento de sus actividades de marketing digital y evaluar el impacto en sus objetivos comerciales. Esto incluye monitorear métricas clave, como el tráfico del sitio web, las tasas de conversión, la participación en redes sociales y el retorno de la inversión (ROI) de las campañas de marketing. Al comprender qué estrategias y tácticas están funcionando y cuáles no, las PYMEs pueden ajustar y optimizar continuamente su enfoque para maximizar el éxito y minimizar el desperdicio de recursos.

7. Mantenerse Actualizado con las Tendencias del Mercado:

El mundo del marketing digital está en constante evolución, con nuevas tendencias, tecnologías y estrategias emergiendo regularmente. Las PYMEs deben mantenerse al día con las últimas tendencias y mejores prácticas del mercado para asegurarse de que sus estrategias de marketing digital sean efectivas y competitivas. Esto incluye estar al tanto de los cambios en los algoritmos de los motores de búsqueda, las actualizaciones de las plataformas de redes sociales, las nuevas herramientas y tecnologías de marketing, y las tendencias de comportamiento del consumidor. Al adaptarse rápidamente a los cambios en el mercado y experimentar con nuevas ideas y enfoques, las PYMEs pueden mantenerse relevantes y competitivas en un entorno empresarial en constante cambio.

Implementando estos consejos prácticos, las PYMEs pueden maximizar sus esfuerzos de marketing digital y lograr resultados significativos con recursos limitados. Al centrarse en establecer objetivos claros, conocer a su audiencia objetivo, optimizar su presencia en línea, crear contenido valioso, aprovechar las redes sociales y el marketing de contenidos, medir y analizar resultados, y mantenerse actualizado con las tendencias del mercado, las PYMEs pueden aumentar la visibilidad de su marca, generar leads cualificados y aumentar las conversiones de manera efectiva y rentable.

9 ÉTICA Y RESPONSABILIDAD EN MARKETING DIGITAL

En un mundo cada vez más digitalizado y que, por lo tanto nos puede parecer menos inhumano al descender ciertas relaciones sociales a la par que aumentan las digitales, donde las interacciones comerciales y la comunicación entre empresas y consumidores tienen lugar predominantemente en plataformas en línea, la ética y la responsabilidad en el marketing digital se han convertido en aspectos cruciales para el éxito empresarial. En este octavo capítulo, explicaremos en detalle las consideraciones éticas que las empresas deben tener en cuenta al diseñar y ejecutar estrategias de marketing digital, así como su responsabilidad social corporativa en el contexto de estas actividades.

El marketing digital ofrece una amplia gama de oportunidades y herramientas para las empresas para conectarse con sus audiencias, promover sus productos y servicios, y generar engagement. Sin embargo, este poder también conlleva una gran responsabilidad. Desde la recopilación y el uso de datos del cliente hasta la forma en que se comunican los mensajes publicitarios, cada acción y decisión en el ámbito del marketing digital tiene el potencial de impactar no solo en el éxito comercial de una empresa, sino también en la sociedad en su conjunto.

En este sentido, este capítulo se sumergirá en las complejidades éticas del marketing digital, examinando cómo las empresas pueden equilibrar la búsqueda de objetivos comerciales con el respeto por los derechos y las expectativas de los consumidores. También, exploraremos el papel de la responsabilidad social corporativa en el marketing digital, analizando cómo las empresas pueden contribuir positivamente al bienestar de la sociedad y el medio ambiente a través de sus actividades de marketing en línea.

A lo largo de este capítulo, examinaremos casos de estudio, ejemplos concretos y mejores prácticas de empresas líderes en la industria que han demostrado un compromiso destacado con la ética y la responsabilidad en el marketing digital. Además, proporcionaremos consejos prácticos y directrices para que las empresas diseñen estrategias de marketing digital éticas, sostenibles y socialmente responsables.

En última instancia, este capítulo pretende servir como una guía integral para las empresas que buscan aprovechar al máximo el potencial del marketing digital mientras operan de manera ética, responsable y en armonía con los valores y expectativas de la sociedad moderna.

Consideraciones éticas en la recopilación y el uso de datos del cliente

La ética en el marketing digital es un aspecto fundamental para construir relaciones de confianza y mantener la integridad de las empresas en el mercado actual. En un entorno donde la recopilación y el uso de datos del cliente son prácticas comunes, es esencial que las empresas aborden estas actividades de manera ética y responsable. A continuación, analizaremos en detalle diversas consideraciones éticas en relación con la recopilación y el uso de datos del cliente.

1. Transparencia y Consentimiento Informado:

La transparencia y el consentimiento informado son principios éticos fundamentales en la recopilación y el uso de datos del cliente. Las empresas deben proporcionar información clara y comprensible sobre cómo se recopilan, almacenan y utilizan los datos del cliente. Esto incluye explicar el propósito de la recopilación de datos, los tipos de datos que se recopilan, cómo se utilizarán esos datos y con quién se compartirán. Además, las empresas deben obtener el consentimiento explícito de los clientes antes de recopilar cualquier tipo de datos personales y permitirles optar por participar voluntariamente en la recopilación de datos a través de un proceso de opt-in. El consentimiento informado garantiza que los clientes estén plenamente informados sobre cómo se utilizarán sus datos y les brinda control sobre su información personal.

2. Minimización de Datos y Propósito Limitado:

La minimización de datos y el propósito limitado son principios éticos que implican recopilar solo la cantidad mínima de datos necesarios para cumplir con un propósito específico y legítimo. Las empresas deben evitar la recopilación excesiva o innecesaria de datos del cliente y limitar el uso de esos datos a fines claros y definidos. Al adoptar un enfoque de minimización de datos y propósito limitado, las empresas pueden reducir el riesgo de almacenar información sensible y proteger la privacidad de sus clientes.

3. Seguridad y Protección de Datos:

La seguridad y protección de datos son aspectos críticos de la ética en la recopilación y el uso de datos del cliente. Las empresas tienen la responsabilidad de implementar medidas de seguridad sólidas para proteger la información personal de los clientes contra el acceso no autorizado, el uso indebido, la divulgación no autorizada y la pérdida o destrucción accidental. Esto incluye el uso de tecnologías de cifrado, firewalls, sistemas de detección de intrusiones y políticas de acceso restringido para salvaguardar los datos del cliente. Además, las empresas deben cumplir con las leyes y regulaciones de protección de datos aplicables y mantenerse actualizadas con las mejores prácticas de seguridad de la información.

4. Equidad y No Discriminación:

Las empresas deben garantizar que el uso de datos del cliente no conduzca a la discriminación injusta o la perpetuación de sesgos injustos. Esto incluye evitar prácticas discriminatorias en la segmentación del mercado, la personalización de la experiencia del usuario y la toma de decisiones automatizadas basadas en algoritmos. Las empresas deben asegurarse de que sus prácticas de recopilación y uso de datos sean equitativas y respeten la diversidad y la inclusión.

5. Transparencia y Responsabilidad en el Uso de Algoritmos y IA:

El uso de algoritmos y inteligencia artificial (IA) en la recopilación y el análisis de datos del cliente plantea desafíos éticos adicionales relacionados con la transparencia, la equidad y la responsabilidad. Las empresas deben ser transparentes sobre cómo se utilizan los algoritmos y la IA en la toma de decisiones automatizadas que afectan a los clientes, como la segmentación del mercado, la personalización de la experiencia del usuario y la determinación de precios. Además, las empresas deben garantizar que los algoritmos y la IA no perpetúen sesgos o discriminación injusta y que sean responsables de cualquier impacto negativo en los clientes.

6. Derechos del Cliente y Acceso a Datos:

Los clientes tienen derechos legales y éticos sobre sus datos personales, incluido el derecho a acceder, corregir, eliminar y oponerse al uso de sus datos por parte de las empresas. Las empresas deben respetar y cumplir con estos derechos, proporcionando a los clientes medios para ejercer su control sobre sus datos personales y brindando asistencia y soporte cuando sea necesario. Esto puede incluir la implementación de procedimientos claros y accesibles para que los clientes ejerzan sus derechos de privacidad, así como también la designación de un responsable de protección de datos (DPO) o un equipo de privacidad para gestionar solicitudes y preocupaciones de privacidad.

7. Evaluación de Impacto en la Privacidad:

Antes de implementar nuevas iniciativas de recopilación y uso de datos del cliente, las empresas deben realizar evaluaciones de impacto en la privacidad para identificar y mitigar posibles riesgos para la privacidad y la seguridad de los datos. Estas evaluaciones pueden ayudar a las empresas a evaluar los riesgos asociados con la recopilación y el uso de datos, identificar medidas de mitigación adecuadas y garantizar el cumplimiento de las leyes y regulaciones de protección de datos aplicables.

Las consideraciones éticas en la recopilación y el uso de datos del cliente son fundamentales para construir relaciones de confianza y mantener la integridad y la reputación de las empresas en el mercado digital. Al adoptar un enfoque ético y responsable hacia la recopilación y el uso de datos del cliente, las empresas pueden proteger la privacidad y la seguridad de sus clientes, promover la confianza y la transparencia en sus relaciones comerciales y cumplir con las expectativas éticas y legales de la sociedad.

Responsabilidad Social Corporativa en el Contexto del Marketing Digital

La responsabilidad social corporativa (RSC) se refiere al compromiso de las empresas con el impacto social, ambiental y ético de sus operaciones y actividades. En el contexto del marketing digital, la RSC adquiere una importancia aún mayor debido al alcance y la influencia de las plataformas digitales en la sociedad. A continuación, exploraremos cómo las empresas pueden integrar la RSC en sus estrategias de marketing digital y cómo esto puede contribuir al desarrollo sostenible y al bienestar de la sociedad.

1. Transparencia y Responsabilidad en la Comunicación:

La transparencia y la responsabilidad son aspectos clave de la RSC en el marketing digital. Las empresas deben comunicar de manera transparente sus valores, prácticas comerciales y compromisos éticos en todas sus actividades de marketing digital. Esto incluye proporcionar información clara sobre el origen y la fabricación de productos, las prácticas laborales, el impacto ambiental y cualquier otra área relevante para la RSC. Además, las empresas deben asumir la responsabilidad de cualquier reclamo o declaración realizada en sus campañas de marketing digital, asegurándose de que sean precisos, verificables y éticamente sólidos.

2. Promoción de Causas Sociales y Ambientales:

Las empresas pueden utilizar sus plataformas de marketing digital para promover causas sociales y ambientales que estén alineadas con sus valores y objetivos de RSC. Esto puede incluir campañas de concienciación, recaudación de fondos para organizaciones benéficas, iniciativas de sostenibilidad y programas de responsabilidad social. Al vincular sus actividades de marketing digital con causas sociales y ambientales, las empresas pueden generar conciencia, inspirar acción y contribuir positivamente al cambio social y ambiental.

3. Integración de Principios Éticos en la Publicidad Digital:

En el ámbito de la publicidad digital, las empresas deben adherirse a principios éticos en la creación y distribución de anuncios. Esto incluye evitar prácticas publicitarias engañosas o manipuladoras, respetar la privacidad de los usuarios y garantizar que los anuncios sean relevantes y útiles para la audiencia objetivo. Las empresas también deben considerar el impacto social y ambiental de sus campañas publicitarias y asegurarse de que no contribuyan a problemas como la desigualdad, la discriminación o el consumo excesivo.

4. Promoción de la Diversidad y la Inclusión:

La promoción de la diversidad y la inclusión es un componente importante de la RSC en el marketing digital. Las empresas deben esforzarse por representar de manera justa y equitativa a diversas comunidades en sus campañas de marketing digital, evitando estereotipos y prejuicios. Esto puede incluir la inclusión de personas de diferentes géneros, razas, etnias, orientaciones sexuales, habilidades y antecedentes socioeconómicos en la publicidad y el contenido digital. Al promover la diversidad y la inclusión, las empresas pueden construir marcas más auténticas y conectarse mejor con una audiencia diversa.

5. Gestión Responsable de Datos del Cliente:

En el contexto del marketing digital, la gestión responsable de datos del cliente es una parte integral de la RSC. Las empresas deben proteger la privacidad y la seguridad de los datos del cliente, cumplir con las leyes y regulaciones de protección de datos y utilizar los datos de manera ética y responsable. Esto incluye obtener el consentimiento informado de los clientes para la recopilación y el uso de sus datos, minimizar la recopilación de datos innecesarios, y garantizar la seguridad y confidencialidad de la información personal. Al gestionar los datos del cliente de manera responsable, las empresas pueden construir confianza y credibilidad con sus clientes y demostrar su compromiso con la protección de la privacidad y los derechos del consumidor.

6. Participación en Diálogos Públicos y Compromiso con las Partes Interesadas:

Las empresas pueden demostrar su compromiso con la RSC en el marketing digital participando en diálogos públicos y comprometiéndose con las partes interesadas, como clientes, empleados, proveedores, comunidades locales y organizaciones sin fines de lucro. Esto puede incluir la participación en debates sobre temas sociales y ambientales relevantes, la colaboración con organizaciones comunitarias para abordar problemas locales y el apoyo a iniciativas de impacto social. Al involucrarse activamente con las partes interesadas, las empresas pueden comprender mejor las necesidades y preocupaciones de la comunidad y trabajar en colaboración para abordar los desafíos sociales y ambientales.

En resumen, la responsabilidad social corporativa en el contexto del marketing digital implica el compromiso de las empresas con el impacto social, ambiental y ético de sus actividades en línea. Al integrar principios éticos en todas sus operaciones de marketing digital y promover causas sociales y ambientales positivas, las empresas pueden construir una reputación sólida, ganar la confianza de los clientes y contribuir al desarrollo sostenible y al bienestar de la sociedad.

Construcción de relaciones de confianza a través de prácticas éticas en el marketing digital

En un entorno digital saturado de información y opciones, la confianza se ha convertido en un activo invaluable para las empresas. Construir y mantener relaciones sólidas y auténticas con los clientes es fundamental para el éxito a largo plazo en el mundo del marketing digital. Aquí, exploraremos en detalle diversas estrategias y prácticas éticas que las empresas pueden adoptar para fortalecer la confianza de sus clientes y establecer relaciones duraderas.

1. Integridad y Transparencia:

La integridad y la transparencia son pilares fundamentales en la construcción de confianza en el marketing digital. Las empresas deben operar con honestidad y sinceridad en todas sus interacciones con los clientes. Esto implica proporcionar información precisa y completa sobre productos y servicios, así como ser transparente sobre políticas, prácticas y procesos empresariales. La transparencia genera credibilidad y demuestra el compromiso de la empresa con la apertura y la honestidad.

2. Respeto por la Privacidad y la Seguridad de los Datos:

El respeto por la privacidad y la seguridad de los datos del cliente es esencial para ganar y mantener su confianza. Las empresas deben implementar medidas sólidas para proteger la información personal de los clientes contra accesos no autorizados, pérdidas o filtraciones. Esto implica el cumplimiento estricto de las leyes de privacidad de datos, así como la adopción de estándares de seguridad de la información robustos, como la encriptación de datos y el acceso restringido a la información confidencial. Además, las empresas deben proporcionar opciones claras y accesibles para que los clientes controlen cómo se utilizan sus datos y respetar sus preferencias de privacidad en todo momento.

3. Empatía y Personalización:

La empatía y la personalización son poderosas herramientas para construir relaciones de confianza en el marketing digital. Las empresas deben esforzarse por comprender las necesidades, deseos y preocupaciones individuales de sus clientes y adaptar sus mensajes y ofertas en consecuencia. Esto implica escuchar activamente las opiniones y comentarios de los clientes, responder con sensibilidad a sus necesidades y ofrecer soluciones personalizadas que agreguen valor y mejoren su experiencia. La personalización no solo aumenta la relevancia y la efectividad del marketing, sino que también muestra a los clientes que son valorados y comprendidos como individuos únicos.

4. Compromiso con la Calidad y la Excelencia:

El compromiso con la calidad y la excelencia es fundamental para generar confianza en el marketing digital. Las empresas deben esforzarse por ofrecer productos y servicios de alta calidad que cumplan o superen las expectativas de los clientes. Esto implica mantener altos estándares de calidad en todos los aspectos del negocio, desde la fabricación de productos hasta el servicio al cliente. Además, las empresas deben demostrar su compromiso con la mejora continua y la innovación, buscando constantemente formas de mejorar la calidad y la experiencia del cliente.

5. Responsabilidad Social y Ambiental:

La responsabilidad social y ambiental juega un papel cada vez más importante en la construcción de confianza en el marketing digital. Las empresas deben demostrar su compromiso con el bienestar de la sociedad y el medio ambiente a través de prácticas comerciales éticas y sostenibles. Esto puede incluir la adopción de políticas de responsabilidad social corporativa, el apoyo a causas sociales y ambientales, y la participación en iniciativas de impacto comunitario. Al mostrar su compromiso con valores más amplios que el beneficio económico, las empresas pueden ganar la confianza y lealtad de los clientes que comparten sus preocupaciones y valores.

6. Comunicación Abierta y Feedback:

La comunicación abierta y el feedback son fundamentales para construir relaciones de confianza en el marketing digital. Las empresas deben fomentar un diálogo abierto y honesto con los clientes, brindando múltiples canales para que expresen sus opiniones, preguntas y preocupaciones. Además, las empresas deben estar dispuestas a escuchar y responder de manera activa y constructiva al feedback de los clientes, utilizando esta información para mejorar productos, servicios y experiencias. La comunicación transparente y receptiva fortalece la relación entre la empresa y el cliente y fomenta un sentido de confianza mutua y colaboración.

Así, la construcción de relaciones de confianza a través de prácticas éticas en el marketing digital es fundamental para el éxito a largo plazo de cualquier empresa. Al operar con integridad, respeto y responsabilidad, las empresas pueden ganarse la confianza y lealtad de sus clientes, establecer una reputación sólida en el mercado y contribuir al bienestar de la sociedad en su conjunto.

GRACIAS POR LLEGAR HASTA AQUÍ

APRECIAMOS REALMENTE EL TIEMPO QUE HAS DEDICADO PARA LEER NUESTRO CONTENIDO

SOMOS UN GRUPO PEQUEÑO Y ESTAMOS EMPEZANDO, POR LO QUE TU APOYO Y CONFIANZA ES UN TESORO PARA NOSOTROS, ASÍ COMO TUS COMENTARIOS QUE NOS PUEDEN HACER CRECER Y MEJORAR.

SI QUIERES, PUEDES DEDICARNOS UNOS SEGUNDOS PARA EXPRESAR LO QUE TE HA PARECIDO EL LIBRO AQUÍ: